O Tempo na Psicanálise

Transmissão da Psicanálise
diretor: Marco Antonio Coutinho Jorge

Sylvie le Poulichet

O Tempo na Psicanálise

Tradução:

Lucy Magalhães
psicanalista

Revisão técnica:

Marcos Comaru
mestre em teoria psicanalítica, UFRJ

Jorge Zahar Editor
Rio de Janeiro

Título original:
L'oeuvre du temps en psychanalyse

Tradução autorizada da primeira edição francesa, publicada em 1994 por Éditions Payot & Rivages, de Paris, França, na coleção Rivages/Psychanalyse, dirigida por J.-D. Nasio

Jorge Zahar Editor Ltda.
rua México 31 sobreloja
20031-144 Rio de Janeiro, RJ
tel.: (021) 240-0226 / fax: (021) 262-5123

CIP-Brasil. Catalogação-na-fonte
Sindicato Nacional dos Editores de Livros, RJ.

Le Poulichet, Sylvie
L466t O tempo na psicanálise / Sylvie Le Poulichet ; tradução, Lucy Magalhães ; revisão técnica, Marcos Comaru. — Rio de Janeiro: Jorge Zahar Ed., 1996
— (Transmissão da psicanálise)

Tradução de : L'ouvre du temps en psychanalyse
Inclui bibliografia
ISBN 85-7110-368-2

1. Tempo. 2. Psicanálise. I. Título. II. Série.

CDD 616.8917
96-1240 CDU 159.964.2

Sumário

Introdução

Há alguns anos, no fim do tratamento de uma analisanda, encontrei-me bruscamente invadida por um estranho pensamento: o pensamento dos trajetos insólitos que nos haviam conduzido até ali, até aquele fim. Subitamente, impunha-se uma *visão* completamente nova. Como se, de repente, fosse possível *ver* as espirais, os ritmos e meandros organizados pelos traços e pelo estilo próprios a essa experiência analítica. Parecia que o pensamento podia reunir em imagem a lógica e a singularidade desses movimentos. Repentinamente, *ver esse tempo*, que nos deslocara de forma tão diversa de uma cronologia. Mas foi só isso que pude dizer, pois logo o esquecimento se apoderou desse pensamento. E foi talvez esse esquecimento, esse momento inapreensível, que se tornou a causa desta pesquisa sobre os tempos da experiência analítica: pesquisa que tentava como que capturar mais uma vez o que surgira e que, evidentemente, nunca mais reencontrei. Essa perda causou assim todo um percurso imprevisto.

Esse trajeto analítico já desestabilizara múltiplas "paradas na imagem" nas quais a analisanda se imobilizara anteriormente (lembranças-encobridoras, identificações imaginárias...). E esse momento final vinha *repetir*, para a analista, a ameaça de uma "parada na imagem". O *ver de um só golpe* foi ameaçado pelo esquecimento. O tempo, bruscamente capturado em uma imagem, apagara essa imagem. Um movimento "sem fim" viera quebrar o espelho que queria refletir o fim, detendo-o. E o fim permaneceu aberto, em movimento, pois o tempo da experiência analítica não podia se reduzir a um passado: não se podia dar-lhe o rosto de um passado. Em si mesmo, ele era o tempo instaurador de um conjunto de *passagens* presentes e futuras: caminhos abertos para a *passagem* dos pensamentos.

"O que é o tempo?, perguntava santo Agostinho. Se ninguém me pergunta, eu sei; mas se me perguntam e eu quero explicar, não sei mais."[1] Esse não-saber gerado pela própria questão do tempo me parece essencial no campo psicanalítico. Nunca se poderá absorvê-lo completamente, qualquer que seja a suma teórica que se produza como resposta à questão. Com efeito, cada experiência analítica desenvolve um estilo singular de devir, que possui o seu ritmo próprio, além da nossa representação do tempo. No encontro entre um analista e um analisando, afirma-se um estilo de devir próprio a essa experiência, que não pode se reduzir ao esquema de uma progressão linear, nem a uma única fórmula geral de um tempo lógico.

Entretanto, é preciso distinguir a dimensão de um tempo instaurador da dimensão da duração na análise. A duração instaurada pelo "quadro analítico" (duração e número das sessões, duração da própria análise) não garante de modo algum que haja uma experiência analítica: ela é uma condição necessária mas não suficiente, pois pode ficar como um tempo morto, se não abrir um tempo instaurador de *passagens*. Não se pode pensar esse tempo instaurador em termos de duração, nem se pode espacializá-lo: ele é, antes, um ritmo que dá lugar a um conjunto de *laços* e *passagens*.

Esta pesquisa também implica uma escolha, um *parti pris* quanto à sua orientação: trata-se de pensar, no campo da experiência analítica, os tempos instauradores capazes de transformar e repor em movimento diferentes formas de "paradas na imagem", operadas por impasses narcísicos.

Também é preciso fazer à psicanálise a pergunta que Bergson fazia à filosofia: "O que faz o tempo?"[2] Ou seja: o que faz o tempo na análise? Analistas e analisandos se encontram necessariamente interessados nessa questão em algum momento do seu percurso. A análise não pode mantê-la fora do seu campo, deixando às concepções clássicas ou filosóficas o cuidado de respondê-la. Se nos detivermos em uma concepção do tempo como forma universal na qual estamos passivamente imersos, não poderemos pensar o que *faz* o tempo. Principalmente no que diz respeito à repetição das experiências dolorosas, ficaríamos reduzidos então a subscrever a opinião comum, segundo a qual "é preciso dar um tempo para que isso passe", ou "isso passa com o tempo"! Ao contrário, não com *o* tempo, mas *nos* tempos acionados pela análise, que não se regulam pelo relógio mas pela transferência. Trata-se de abrir no tempo *os tempos da transferência*, que são tempos de transposição e de transformação.

Desafiando de certa forma a visão de um tempo linear, a análise provoca tempos de atualização e anacronismos que subvertem a trama do tempo, dando lugar aos acontecimentos psíquicos. De fato, estes não estão sujeitos ao relógio e não se compreendem em um tempo linear. É precisamente na transferência que esses acontecimentos encontram seu lugar e seu tempo próprios. A transferência é um tempo de realização dos acontecimentos psíquicos. Ela lhes dá presença em todas as suas ressonâncias temporais.

Como em uma partitura musical, cujas linhas se reúnem em pautas, os tempos da análise são essas linhas de transferência, que dão todo o seu alcance aos acontecimentos e que harmonizam os acontecimentos psíquicos em uma composição e em uma seqüência que os revelam. É ao serem tocados, e conseqüentemente interpretados na transferência, que esses acontecimentos encontram seu tempo de realização e de transformação.

Assim, a pergunta "O que faz o tempo?" se transforma nesta outra pergunta: o que fazem os tempos da transferência? Fazem ouvir e realizam o que estava à espera no tempo. Escrevem as partituras anacrônicas nas quais ressoa o desejo e assim voltam a questionar a representação tirânica da flecha linear do tempo. Esse é o tempo aberto e multiplicado nos tempos do silêncio, da fala ou do sonho que realizam transferências, que transpõem os acontecimentos para seus tempos psíquicos: no ponto em que eles soam, entre linguagem e pulsão, em combinações inesperadas.

Esses tempos da transferência realizam uma dupla ação: uma coisa e seu contrário. Efetivamente, eles geram a repetição do Mesmo, a atualização de forças pulsionais que persistem inalteradas, e simultaneamente esse Mesmo torna-se Outro, manifestando-se no tempo.

Segundo Freud, a repetição se acompanha, na análise, de um processo de perlaboração que permite desprender-se do domínio da repetição, integrando as interpretações e superando as resistências que elas suscitam. Repetição e perlaboração marcam a ação do tempo na análise, que Freud opõe à imediata ab-reação produzida sob hipnose, que não permite que a rememoração comporte um efeito duradouro. Freud observa que "dando um nome à resistência, com isso não a fazemos desaparecer imediatamente. É preciso dar ao doente o tempo de conhecer bem essa resistência que ele ignorava, de perlaborá-la, de vencê-la, e continuar, apesar dela e obedecendo à regra analítica fundamental, o trabalho começado".[3] Entretanto, essa referência ao tempo é bastante generalizada: "É preciso dar um tempo...". É verdade, e no entanto trata-se apenas disso? Freud se refere a um processo que se realiza *no* tempo e para o qual é preciso *algum* tempo, mas ele não especifica a dimensão de um *trabalho do tempo*, como ele postulara a existência de um "trabalho do sonho" e de um "trabalho do luto". E esse é justamente um dos motivos da presente pesquisa, a saber: se é analiticamente pertinente pensar, no processo analítico, tempos que por si mesmos designam um trabalho, ritmos de transformação, que não seriam simplesmente *o* tempo. Não se trata de ignorar a referência a uma cronologia, sem a qual nenhuma análise é pensável, mas não existe um trabalho específico dos tempos da transferência na análise?

PRIMEIRA PARTE

O tempo identificante

Ouvir os tempos da transferência na fala

Um analisando toma a palavra. Você ouve não um sentido, nem um contra-senso, nem mesmo apenas um duplo sentido, mas uma série de temporalidades que atravessam em todos os sentidos essa fala. Então, a sua escuta é de fato "flutuante", já que ela flutua entre vários tempos: não só como uma "fantasia", que, segundo Freud, flutua entre três tempos,[4] presente, passado e futuro, mas ainda como uma atenção prestada à ordem das sucessões, continuamente aberta e desdobrada em simultaneidades. E, a todo instante, cada fragmento de fala pode cruzar outro fragmento aparentemente heterogêneo, informá-lo e transformá-lo.

Então, você está parcialmente "fora do tempo", e no entanto, mais do que nunca, nos tempos... Essa rede movediça e dilatada poderia subitamente contrair-se em um único ponto mais brilhante, como no sonho, em que as intensidades psíquicas se "transferem" para uma única figura: figura que se destaca e se impõe às vezes ao analista, por exemplo como uma "palavra-valise", que condensaria de uma só vez elementos aparentemente afastados e incompatíveis. Então, você está quase no tempo do sonho, que não é mais do que um tempo de transferência: transferência do investimento psíquico de uma representação para outra. É nesse tempo que você ouve as ondulações que as coisas assumem nas palavras, assim como os verbos que se conjugam em todos os tempos ao mesmo tempo.

Porém, mais precisamente, imaginemos que uma fala de um analisando na sessão desenvolva simultaneamente uma série de movimentos: essa fala ressoa com o que a precede e com o que a segue de um modo inesperado, cada elemento encontrando sentido apenas nesse encadeamento que o informa; e suponhamos que este ou estes sentidos encontrem outro, devido ao fato de que essa fala desperta com intensidade uma fala mais antiga, que, nessa época, parecera banal, que passara quase desapercebida e caíra no esquecimento; ao mesmo tempo, suponhamos que essa fala vise precisamente o analista: no presente, ela constitui um ato de fala pelo qual o paciente identifica o analista, o pendura em um lugar fixo na prateleira "pronto para uso" da fantasia; nesse momento se abriram as comportas diante da pressão de uma "onda pulsional" que, na verdade, não cessa de quebrar no tempo imemorial do infantil.

Todos esses movimentos instauram na análise ritmos, laços, composições singulares e identificações movediças. É pois necessário romper com uma concepção clássica de um tempo universal, no qual estariam passivamente imersos sujeitos e objetos. Seja ela filosófica ou comum, essa concepção não pode dar conta da especificidade do tempo na experiência analítica. Na verdade, trata-se antes de tudo de um tempo ativo, que não está previamente constituído, mas que instaura acontecimentos psíquicos singulares. Esses acontecimentos serão produzidos por seqüências e ritmos particulares desenvolvidos na análise. Mais precisamente, a noção de tempo identificante se imporá aqui, para dar conta do trabalho que se realiza na análise: certas seqüências de repetições novas (por exemplo o encadeamento de um sonho, de associações livres e de um *acting out*) geram um *lugar psíquico* ou modelam identificações movediças, que atravessam o sujeito transformando-o. É em um tempo identificante que ritmos e seqüências ligam elementos aparentemente heterogêneos, que se transformam mutuamente, dando *lugares* aos corpos de uma nova maneira.

Uma rasgadura na trama do tempo

Antes de considerar mais precisamente o tempo identificante na experiência analítica, é preciso fazer um desvio: um desvio pela experiência proustiana, comentada por Maurice Blanchot, em sua obra *Le livre à venir*.

Temos uma advertência: "O tempo é essa palavra única em que se depositam as experiências mais diferentes."[5] Haveria em Proust, segundo Blanchot, "um enredamento de todas as formas do tempo". Talvez não de "todas", diríamos nós, mas de um número suficiente para nos desorientar. Há primeiramente o tempo real e destruidor, que produz a morte e até a morte do esquecimento. Depois, o tempo, "e todavia é o mesmo, que por essa ação destruidora nos dá também o que ele nos tira, e infinitamente mais, pois nos dá as coisas, os acontecimentos e os seres em uma presença irreal que os eleva a esse ponto em que eles nos comovem. Mas isso ainda é apenas a felicidade das lembranças espontâneas".[6]

Só o que é, de algum modo, retirado, poderá nos ser dado: esse é o paradoxo que marca a ação do tempo. Mas o tempo é capaz de um passe de mágica ainda mais estranho, diz Blanchot, evocando os passos de Proust, que tropeça no calçamento de Guermantes, e que subitamente são os mesmos passos que tropeçaram nas lajes desiguais do batistério de São Marcos. O tempo parece abolido, pois esses dois instantes separados por toda uma duração podem agora coincidir. O instante de Veneza e o instante de Guermantes não são um passado e um presente, mas uma mesma presença. É por uma mágica do tempo que o tempo parece abolido. E Blanchot nos diz: "Um incidente insignificante, que ocorreu em certo momento, outrora, esquecido, e não apenas esquecido, desapercebido, eis que o curso do tempo o traz de volta, e não como uma lembrança, mas como um fato real, que ocorre de novo, em um novo momento do tempo. (...) incidente ínfimo, que subverte, rasga a trama do tempo e por essa rasgadura nos introduz em um outro mundo."[7]

Trata-se do destino de um incidente insignificante e outrora desapercebido, que assim não se encontrou re-conhecido nem projetado na "tela" da lembrança... E é justamente esse tipo de incidente, tendo tocado furtivamente a superfície perceptiva, sem ser "adubado" nem receber um selo, que tem poder de atravessar os tempos "incógnito", para subitamente desencadear uma presença nova onde não era esperada. Esse *brilho da presença,* que atinge o corpo de uma maneira sensível, só sobrevém na medida em que o vestígio errante de um primeiro incidente vem coincidir brutalmente com um segundo vestígio ligado a um incidente atual. É pois, entre outros fatores, a simultaneidade dos incompatíveis que gera esse abalo de um corpo subitamente afetado.

Esse momento de abolição do tempo é também, por isso mesmo, um momento privilegiado de afirmação do tempo, pois essa "rasgadura" na trama do tempo dá justamente presença ao acontecimento. E o anacronismo permite aqui uma forma de identificação: "Viver a abolição do tempo, viver esse movimento, rápido como um 'raio', pelo qual dois instantes, infinitamente separados, vêm (*pouco a pouco, embora imediatamente*) ao encontro um do outro, unindo-se como duas presenças que, pela metamorfose do desejo, se identificariam (...) é percorrer toda a realidade do tempo; percorrendo-a, experimentar o tempo como espaço e lugar vazio, isto é, livre dos acontecimentos que sempre, habitualmente, o preenchem."[8]

Aqui, "identificar-se" não significa "parecer-se com" nem "tornar-se como" alguém: deve-se entender que dois instantes se identificam mutuamente no sentido pleno do termo, isto é, que eles se dão identidade reciprocamente, através de um acontecimento que atinge o corpo. Além das lembranças, dos hábitos e das certezas, vestígios se identificam entre si, sem que um sujeito prévio entre em jogo. Não se trata mais de reencontrar a memória, mas de ser encontrado por ela, onde ela não era mais esperada: mais exatamente, produzem-se apenas identificações mútuas de vestígios. Além do mais, esse tipo de identificação se realiza fazendo surgir um "lugar vazio" ou um intervalo entre dois instantes separados, embora brutalmente superpostos. Uma tal identificação teria precisamente o poder de gerar um *lugar* que acolhesse a presença do acontecimento. É nessa referência aos dois instantes que se identificam mutuamente, ou que se dão identidade reciprocamente, que o conceito de tempo identificante se baseia. Esse tempo identificante que gera um *lugar* para um acontecimento psíquico constitui realmente uma experiência temporal, e não um dado espacial entendido como uma identificação com uma imagem.

Aqui, ainda não estamos no campo do inconsciente freudiano; no máximo, poderíamos supor a ação de processos pré-conscientes, ou o investimento de vestígios inconscientes não recalcados. Entretanto, nesse mesmo nível, é possível distinguir a dimensão das identificações temporais *que dão lugar* ao corpo, ou o trabalho do tempo que gera os *lugares do corpo*: lugares de ressonância e não moradas familiares. O lugar é aqui "correlativo de uma função da linguagem"[9] e não poderia ser confundido com o espaço:[10] "ter lugar" significa acontecer, realizar-se ou produzir-se, e não permanecer imóvel em um espaço. Assim *conjugado*, o lugar é indissociável de um processo, e pertence a esse processo, isto é, a um conjunto de fenômenos, ativos e organizados no tempo. É realmente a elaboração progressiva desse conceito de tempo identificante, essencial ao campo da experiência clínica, que ocupará doravante as reflexões desenvolvidas neste capítulo.

A leitura de Blanchot permite assim "retornar" ao campo psicanalítico, interrogando essa dimensão das identificações temporais que dão *lugar* ao corpo. Sem querer espacializar o tempo, trataremos aqui, através desse conceito de tempo identificante, de pensar juntos as superfícies pulsionais e o tempo. Mais precisamente, trataremos de pensar o tempo instaurador das superfícies pulsionais, a fim de esboçar uma concepção das identificações movediças, que permita abordar o tempo interno da experiência analítica. O conceito de tempo identificante pretenderia explicar aqui a dinâmica temporal, de que procede a própria experiência analítica, no ponto em que os anacronismos e as rasgaduras da trama do tempo acarretam a abertura das *passagens* entre os diferentes tempos que conjugam o corpo na linguagem. Esse é um aspecto essencial do trabalho do tempo na análise, a partir do momento em que uma série de rasgaduras da trama do tempo linear tem poder de dar novamente ao corpo os seus tempos na linguagem.

A presença não é o presente e a história não é o passado

Desde a abertura do campo psicanalítico, Freud *devia* elaborar uma teoria dos "lugares psíquicos" atravessados e produzidos por operações temporais, de tal modo que a própria experiência psicanalítica fosse realizável, pois só o que era suposto inicialmente podia ser revelado posteriormente, no próprio campo dos processos desenvolvidos através do tratamento analítico. Logo de saída, uma teoria dos lugares psíquicos devia questionar a idéia de um tempo linear e de uma memória fiel, para que pudessem ser ouvidas as formações psíquicas.

Assim, em 1896, Freud já observava que "nosso mecanismo psíquico se estabeleceu por um processo de estratificação: os materiais presentes sob forma de vestígios mnemônicos se encontram de tempos em tempos remanejados de acordo com as novas circunstâncias. O que há de essencialmente novo na minha teoria é a idéia de que a memória está presente, não uma vez só, mas várias vezes, e que ela se compõe de diversas espécies de signos".[11]

Através de uma série de registros e inscrições diversas, os vestígios se integram assim a uma rede de associações em movimento, que se pode designar como uma memória *plural*. Esta nunca dá lugar ao registro único e fiel de um acontecimento vivido. E se essa memória plural não é mais do que uma rede na qual cada elemento só assume o seu valor pela sua relação com os outros, então nela nada se conserva idêntico: logo que um elemento entra na memória, seu único meio de subsistir seria ligar-se — como vestígio — a outros vestígios, implicando a possibilidade de ser deslocado nesse dispositivo anacrônico onde "se escoa" a excitação. Esse dispositivo anacrônico se torna então o próprio paradigma das condições da escuta no tratamento analítico. Ele é particularmente figurado pela ficção de aparelho psíquico, que Freud apresenta no capítulo VII da *Interpretação dos sonhos*, na qual os vestígios mnésicos viajam em um "lugar psíquico" (que não tem nada a ver com a anatomia), onde diferentes sistemas os fazem ressoar em associações diversas, entre percepção e consciência.

A experiência analítica da rememoração a partir do jogo das associações livres evidentemente não é idêntica à experiência proustiana da reminiscência, pois no primeiro caso não se trata de um procedimento estético. Entretanto, como Freud formulou em várias ocasiões, os poetas e os romancistas muitas vezes sabem expressar com grande finura intuições que nós somos obrigados a construir laboriosamente. Nos dois campos de experiência, é realmente no momento em que o tempo parece, de algum modo, abolido, que ele está mais ativo. É um tempo curiosamente libertado da duração, que se afirma, por exemplo, na presença simultânea de dois acontecimentos separados. A flecha do tempo linear, distinguindo um passado, um presente e um futuro, é bruscamente contestada por essa presença que põe em jogo a associação dos vestígios mnésicos. E é no momento em que se manifesta essa presença, pela superposição dos vestígios de um acontecimento presente e de um acontecimento passado, que esse passado pode ver-se assim historicizado, subjetivado. Era preciso um acontecimento novo para que o acontecimento antigo ressoasse e tivesse acesso à presença. Ele já estava ali, mas ele chega repentinamente. É um já-ali que só toma corpo posteriormente. No campo psicanalítico, essa temporalidade organiza não apenas a constituição do sintoma no *só-depois*, pela via do recalque, mas também a historização do passado no presente. Esta não pode, efetivamente, assimilar-se à procura de um passado sepulto, que estagnaria em alguma profundeza, como um depósito inconsciente.

A esse respeito, Lacan observava no seu *Seminário* sobre *Os escritos técnicos de Freud* que "a história não é o passado. A história é o passado enquanto historicizado no presente — historicizado no presente, porque foi vivido no passado".[12] É também no próprio movimento, pelo qual ele se apreende e se conta como mortal, que o sujeito faz com que seu passado tenha acesso à dimensão da história. Assim, a história não pode ser confundida com o passado, nem, aliás, com o vivido. E, segundo Lacan, isso levanta precisamente o problema do nível no qual nós escutamos: por exemplo, escutar uma criança. A criança se interroga menos sobre o seu vivido do que sobre o seu destino, o que se poderia formular assim: "Qual é o meu lugar na história? Onde sou reconhecido?" Ela visa a reconstrução de uma autobiografia e o sentido da história, mais do que o repertório de um vivido. "O que significa a minha história?" seria, segundo Lacan, o nível em que a questão deve ser ouvida, pois é realmente ao responder nesse nível que o analista ajuda a resolução do sintoma, mesmo que não possa desconhecer a dimensão do vivido.

Mas a própria história não pode ser revelada independentemente da presença do desejo. Essa presença, que não é o presente, faz ressoar juntos "passado, presente, futuro, como que enfiados no fio do desejo que os atravessa", segundo a expressão de Freud em "O poeta e o fantasiar".[13] De fato, a presença do desejo não poderia ser confundida com o presente: a presença do desejo mistura as três "ekstases" do tempo, que são o presente, o passado e o futuro. E a presença do desejo seria finalmente revelada pelo tempo identificante, a identificação mútua dos vestígios que afeta bruscamente o corpo.

Na *Interpretação dos sonhos*, Freud já situava o desejo como o movimento de investimento resultante do relacionamento de duas inscrições mnésicas: a criança que tem fome grita desesperadamente e sua situação só poderá mudar quando ela adquirir uma "experiência da satisfação", em conseqüência de uma intervenção estranha. Mas "um elemento essencial dessa experiência é o aparecimento de uma certa percepção (o alimento, no exemplo escolhido), cuja imagem mnésica ficará associada com o vestígio memorial da excitação da necessidade. Logo que a necessidade se re-presentar, haverá, graças à relação estabelecida, o desencadeamento de uma impulsão (*Regung*) psíquica que investirá de novo a imagem mnésica dessa percepção na memória, e provocará de novo a própria percepção, isto é, reconstituirá a situação da primeira satisfação. É esse movimento que nós chamamos desejo."[14]

Entretanto, essa primeira atividade psíquica, que tende para uma "identidade de percepção", ou para a atualização de uma idêntica percepção, pode simplesmente resultar em uma satisfação alucinatória. E a presença como tal ainda não se manifesta, pois ela não revela a dimensão da ausência. É preciso ainda seguir o "fio" das proposições freudianas relativas às primeiras experiências perceptivas do "grito", para tentar distinguir as características de um tempo identificante correlativo à presença do desejo, e para situar a confecção dos *lugares do corpo*.

O tempo que instaura o fora e o dentro

Outra versão da experiência primordial dos gritos permitirá situar o advento da presença e da ausência como fundamento da temporalidade psíquica. Desta vez, trata-se de um trecho do *Mal-estar na civilização*:

"O lactente ainda não diferencia o seu eu de um mundo exterior que ele considera como a fonte de múltiplas sensações que afluem para ele. Só aprenderá isso pouco a pouco, em virtude de incitações diversas vindas do exterior. De qualquer forma, um fato deve lhe causar a mais forte impressão; é que algumas fontes de excitação, que ele só mais tarde reconhecerá como provenientes dos seus próprios órgãos, são capazes de lhe proporcionar sensações a qualquer instante, ao passo que algumas outras, mais fugitivas, se esgotam periodicamente — entre estas, citemos a mais cobiçada: o seio materno — e só jorram de novo se ele recorrer ao grito.

Assim sendo, o Eu encontra-se pela primeira vez diante de um 'objeto', ou seja, de uma coisa situada 'fora', e que só uma determinada ação obriga a aparecer."[15]

Cito esse trecho do texto freudiano para dar a essa experiência um valor de matriz do tempo identificante e da presença do desejo. De fato, no "pouco a pouco" dessas primeiras experiências, esboça-se o próprio movimento da subjetividade. O que se esgota periodicamente é o protótipo do objeto e do fora. O esgotamento, a interrupção e a ação do grito que traz de volta o que desaparecera *dão lugar* a um fora e a um objeto. Eles abrem a lacuna onde se alojará o objeto. Põem *em jogo* a ausência que fundamenta o fora. E é realmente esse fora que, como tal, faz surgir a perspectiva de um dentro. Esse processo, que estaria na base da temporalidade psíquica, faz advir a presença sobre um fundo de ausência, e ao mesmo tempo a oposição simbólica entre fora e dentro. A experiência temporal precede e fundamenta a estruturação do espaço.

Assim, o advento da temporalidade psíquica se manifesta logo de saída sob a forma de um tempo identificante: a repetição de síncopes, ou de esgotamentos, causará a identificação mútua de dois objetos compostos: grito e seio, como dois elementos que entram simultaneamente em ressonância e em diferença, dando lugar a um novo recorte no mundo, nesse eu-mundo original evocado por Freud.

Pode parecer curioso evocar aqui conjuntamente uma identificação e um recorte, a respeito do mesmo processo; mas esse é precisamente o trabalho do tempo identificante, que é primeiramente um trabalho de elaboração das oposições recíprocas (presença-ausência, fora-dentro), correlativo a um processo de coleta, de destacamento e de identificação mútua dos objetos internos e externos. O que se esgota periodicamente ou o que desaparece periodicamente será destacável de um primeiro eu-mundo indiferenciado, compreendendo todas as fontes de excitação, na medida em que o próprio grito se destaca, indo ao encontro do seio, repetidamente. Repetição dos encontros, coincidências agidas, que geram uma presença, e que constituirão, de certa forma, uma primeira "interpretação" do real. Essa repetição de encontros em um tempo identificante dá lugar à composição dos objetos. E além dos encontros privilegiados entre o seio e o grito, ou entre as fezes e a voz, elaboram-se de maneira singular, para cada um, composições de objetos, de acordo com a repetição dos encontros. Vazios e cheios, ruídos, odores ou cores vêm ao encontro das "pressões" corporais, dando lugar a estilos singulares de composição do fora e do dentro.

Estamos longe de um simples modelo de aprendizagem por aquisições progressivas. Essas repetições, que geram uma matriz de alteridade por composições de objetos, dão lugar a montagens pulsionais que interpretam o real, de uma maneira que não é, de modo nenhum, pré-formada. Esse é um aspecto fundamental das identificações temporais que *dão lugar* ao corpo, ou desse tempo identificante que compõe os lugares pulsionais.

De tudo isso, ressalta o fato de que, do ponto de vista da temporalidade psíquica, nosso corpo não é apenas assimilável à imagem do corpo tal como ela se elabora através da experiência do espelho, mas que ele se modela na precipitação de presenças sobre um fundo de ausência. Ele não é, nem mesmo, o dentro oposto ao fora, mas, antes, uma constelação singular de compostos fora/dentro, cujo princípio de constituição Freud já indicara, através da sua apresentação do jogo do *fort-da* no seu texto "Além do princípio de prazer".

Os *lugares do corpo*, nos quais se manifesta de um modo completamente primitivo a presença do desejo, encontram-se assim gerados por experiências temporais. Mais precisamente, um lugar pulsional seria o produto de uma identificação temporal; através da experiência do grito, evocada por Freud, ele resultaria da repetição de encontros e superposições entre grito e seio. *Entre* o corpo da criança e o corpo da mãe são agidas coincidências e inadequações, que põem em jogo a alternância entre a presença e a ausência. Esses compostos fora-dentro estão *no entremeio*. Esse corpo que se elabora no tempo não recobre exatamente o corpo no espaço. O corpo não está em si mesmo, mas antes, como veremos, no intervalo entre o Mesmo e o Outro.

Na *Fenomenologia da percepção*, Merleau-Ponty observa que "a subjetividade não é a identidade imóvel consigo: como para o tempo, é essencial para ela, para ser subjetividade, abrir-se a um Outro e sair de si".[16] Mas é preciso acrescentar que o si não estava ali antes de sair de si, pois é do fora que ele se recebe! Não se trata de um sujeito constituído que descobre um fora e um objeto, mas antes de um *tempo constituinte* dos compostos fora-dentro. O tempo identificante não implica pois nenhuma instauração nem restauração de um si autônomo e pré-formado: o trabalho de ligação e de composição que ele realiza permite, antes, o surgimento do díspar e do estranho. O advento da alteridade é aqui a condição de elaboração de identificações mútuas.

O estranho no coração do semelhante

A fim de abordar esse advento da alteridade no tempo, é preciso ainda interrogar a função primordial do grito, esse grito que faz ressoar o silêncio e que, de modo privilegiado, introduz o corpo na dimensão do tempo. O grito também pode vir do outro e dá então a possibilidade de apreender ao mesmo tempo a sua proximidade e a sua estranheza. A esse respeito, pode-se evocar um terceiro aspecto e uma terceira versão da experiência precoce do grito, através daquilo que Freud chama "o complexo do próximo" (*Nebenmensch*). Trata-se de uma versão proveniente do *Projeto para uma psicologia científica*, isto é, anterior às duas outras citadas, segundo a qual as primeiras percepções de um semelhante por um futuro sujeito se organizam em duas partes. Em outras palavras, estamos no nível de uma experiência de percepção do outro como tal, e não apenas na relação com um fora e com um objeto que se destaca. Mas essa experiência é complexa, pois se organiza em duas partes: o outro é imediatamente dividido em uma parte semelhante e em uma parte estranha.

Inicialmente, uma parte dessa experiência perceptiva se estrutura graças a uma atividade mnemônica e se reúne em uma rede de impressões relativas ao corpo da criança: assim, quando o semelhante grita, "o sujeito", diz Freud, "se lembra do seu próprio grito e revive as suas próprias experiências dolorosas".[17] A título de comentário, pode-se pensar que em um tempo inaugural e mítico de encontro com o semelhante, o filhote humano se lembrará pela primeira vez a si mesmo. E essa proposição de Freud, referente às primeiras experiências de percepção, faz considerar o instante de uma precipitação de memória no âmbito da imagem narcísica, onde memória e espelho se superpõem e se articulam: o grito do semelhante lhe dá acesso aos seus próprios gritos passados.

Esse processo, porém, representa apenas a primeira parte do complexo perceptivo, pois simultaneamente a percepção investe uma segunda parte díspar, nova e não comparável a outra coisa, ficando, de alguma forma, estranha, impondo-se por "um aparelho constante que permanece junto como Coisa (*als Ding*)". Essa leitura do complexo do próximo (*Nebenmensch*), que se apóia na tradução proposta por Lacan, permite encarar a maneira pela qual a apreensão do estranho no próprio coração do semelhante gera uma forma de separação. E, segundo Lacan, a dimensão do Outro radicalmente estranho ou a dimensão verdadeira da alteridade aparecem nesse lugar da Coisa díspar e não comparável. Essa parte estranha surge no próprio coração da experiência da semelhança mencionada acima, experiência que põe em movimento a rede dos vestígios mnésicos. Em outras palavras, essa Coisa representa a constituição de um primeiro exterior no coração do familiar, Coisa irredutível em torno da qual gravitam as cadeias significantes e "se orienta todo o percurso do sujeito".[18]

A partir do momento em que, na experiência de percepção do semelhante, vestígios mnésicos se elaboram em rede sobre um fundo de imagem para fundar o memorável, uma parte de desconhecido escapa, isto é, aquilo que os vestígios nunca poderão assimilar nem assumir: esse resto inassimilável seria realmente o protótipo da alteridade radical, um fundamental "furo de memória" no coração do memorável. Seria necessário então ressituar a *matriz do tempo identificante* na abertura dessa distância entre o semelhante e o estranho, ou nessa não-coincidência entre a Coisa e o que tenta circunscrevê-la. Com efeito, esse duplo surgimento do memorável e do desconhecido no encontro com o semelhante gera a dimensão da alteridade que abre o tempo. O tempo supõe precisamente essa relação com o outro, na qual se exerce a tensão entre o Mesmo e o Outro. O tempo se encontra então considerado como "relação com o que permanece absolutamente fora",[19] e como relação com o que *ainda não* se dá como semelhante.

Do ponto de vista psicanalítico, a matriz do tempo identificante pode assim encontrar-se referida a essa não-coincidência[20] que causa a divisão da experiência perceptiva em duas partes. Essa divisão funda a distância entre o semelhante e o estranho, entre o Mesmo e o Outro, de tal forma que o futuro sujeito nunca poderá alcançar-se exatamente nem coincidir com si mesmo: o cisco do estranho logo será cravado no coração da sua memória, como se, aliás, nenhuma memória pudesse se elaborar fora dessa relação com o estranho no semelhante. Se ele não fosse mais do que o mesmo, o outro seria imediatamente apreendido na percepção e coincidiria comigo fora do tempo. Que o reflexo do eu no semelhante fosse fissurado pelo estranho seria também a condição para que o tempo começasse a importar, e o próprio ato da percepção se produzisse na tensão de um *ainda não*, de um *ainda não adequado*. De fato, por causa de uma impossível adequação (ou, em termos freudianos, por causa de uma inibição do investimento psíquico que leva a uma total identidade de percepção) engrena-se o tempo psíquico da repetição.

É na distância escavada entre o Mesmo e o Outro que surge a dimensão própria do tempo humano no movimento do desejo, como fundamento da identidade pela alteridade. A matriz do tempo identificante se entende assim como tensão da alteridade na identidade, na abertura de uma distância irredutível, que impede qualquer coincidência do sujeito consigo mesmo e que o precipita para a frente, para dar o *passo* do *ainda não*. É com esse *passo* que ele irá ao encontro daquilo que ele não é.

A repetição dá lugar aos objetos

Entre o semelhante e o estranho, instaura-se uma inadequação, uma distância na qual virão alojar-se os objetos pulsionais, marcas do sujeito entre o Mesmo e o Outro. O filhote do homem sempre tentará reduzir essa distância entre o outro semelhante e o estranho, e é pela repetição das experiências que ele tenta anular essa distância. Mas a repetição cava ainda mais essa distância: quanto mais ele repete para encontrar o idêntico, mais ele cava a diferença. De fato, a repetição sempre gera novos vestígios de experiências e não a imediata adequação com o semelhante. Se a repetição sempre resulta parcialmente em falha, ela é por isso mesmo sempre nova: cada repetição acrescenta uma marca à série das precedentes. Entre as repetições falhadas subsistem uma inadequação e um resto, que permitem ao desejo relançar-se. Na verdade, a repetição fabrica restos, isto é, o que é produzido pelo fracasso da reprodução do mesmo, e esse resto assume o status de objeto causa do desejo. É realmente a repetição que terá assim o poder de modelar objetos, enquanto *restos* que fazem *objeção* à superposição do estranho sobre o semelhante. O objeto causa do desejo, que é visado no outro, se encontra pois retrospectivamente gerado por experiências de repetições, sendo que estas se produzem em uma relação de vestígios a vestígios, que fracassa em significar exatamente o real. É essa série de repetições que dá lugar aos objetos, ao contrário do preconceito segundo o qual um objeto já constituído provocaria repetições para ser reencontrado.

Em 1926, Freud formulava assim esse paradoxo a respeito da mãe como objeto: "... situações de satisfação repetidas criaram esse objeto, a mãe, que sofre, no caso da necessidade, um investimento intenso e que se poderia chamar 'nostálgico'".[21] Aqui, tempo e objeto ainda são correlativos: logo que o objeto surge como tal, é na medida em que um tempo o modelou e em que esse tempo gera por isso mesmo a possível perda desse objeto. É um objeto fundamentalmente instável, que acarreta a composição ou o desenvolvimento de um "mundo" em transformação e em expansão. Além disso, como observava Lacan em um comentário do *Projeto para uma psicologia científica*, "o objeto se encontra e se estrutura no caminho de uma repetição (...) Só que nunca é o mesmo objeto que o sujeito encontra. Ou seja, ele não cessa de gerar objetos substitutivos".[22] Assim se precisa "a função da repetição como estruturante do mundo dos objetos", além do fenômeno da reminiscência. Não se pode deixar de pensar aqui na criança que se abisma, pelo brincar, em uma série de equivalências, em um sistema em que os objetos se substituem uns aos outros, pondo assim o seu mundo em movimento. E é todo o seu mundo que uma criança é levada a desdobrar pouco a pouco, graças à série das equivalências e das substituições que ela estabelece entre os objetos: o desenvolvimento de uma realidade diferenciada passa pela geração de substitutos que repetem inadequadamente o que os precedia. Entretanto, as primeiras composições de objetos darão a ancoragem e o estilo necessários a essa série de substituições que interpreta o real, integrando-o a uma rede, "pouco a pouco, embora imediatamente".

Tempo e transferência

A estrutura dessa matriz do tempo e da alteridade — que causa a repetição — realmente parece estar presente no próprio coração da experiência analítica. A série das repetições que se desenrola, de modo singular em cada tratamento, não instaura o tempo interno da experiência analítica, além da nossa representação do tempo? E é primeiramente do ponto de vista do analista que escuta, que se pode detectar essa matriz do tempo e da alteridade que causa a repetição. Com efeito, a rede das suas próprias associações, fazendo eco às do analisando, gravitam em torno de um resto inassimilável, em torno de um rochedo estranho e desconhecido. A dimensão da alteridade radical, daquilo que não se deixa compreender nem assimilar, resta ali como "Coisa", que impede toda adequação. Essa função do estranho e do desconhecido se mostra essencial ao próprio processo analítico, pois é um tal "ponto de fuga" que cria a perspectiva da relação analítica com seus encontros futuros, ou que instaura o tempo da experiência analítica, isto é, os tempos da transferência. Essa experiência passa, efetivamente, pelas condições da escuta do analista, isto é, a possibilidade de ouvir o que não pode ser compreendido e de relançar a perspectiva de um não-saber. Só essa escuta, que não procura "verificar" a teoria analítica, permite ouvir a singular interpretação do real que se nodulou na repetição dos encontros.

O tempo identificante na análise atualiza essas repetições de encontros entre significantes, imagens e objetos, dando lugar, por exemplo, a uma figura que nunca foi vista ou a uma palavra que nunca foi pronunciada. O tempo da escuta é, entre outros, esse tempo de composição das figuras — absolutamente próprias a cada análise — que condensam elementos heterogêneos. Ao longo dos meses se constitui uma estranha partitura e uma estranha memória das figuras que ligam imagens, significantes e objetos. E, em um ritmo singular segundo cada tratamento, se repetem assim encontros que atualizam diferentes aspectos dessas figuras. Logo, esses encontros que se repetem ainda estão por vir de uma maneira nova. Por exemplo, uma figura transitoriamente representada pela fórmula "cortado em dois" voltará de modo diferente em uma série de sonhos, encontrando a cada vez uma ambigüidade suplementar; mas ela também poderá se impor em uma perturbação da percepção, ou no surgimento da imagem do corpo do analista "cortado em dois". Nesse trajeto, efetuam-se identificações movediças e laços inesperados se tecem ao se revelarem, no ritmo dos tempos da transferência.

Nesse ponto, pode-se formular uma questão aparentemente absurda: de onde vem o tempo da experiência analítica? Mais-além do "quadro analítico", o que instaura o tempo interno da experiência analítica? Poderíamos tentar responder, como alguns filósofos, que a temporalidade vem do futuro, ou mais precisamente — segundo a fórmula de Heidegger em *O Ser e o Tempo* — que a passagem do tempo é um "futuro-que-vai-para-o-passado-vindo-para-o-presente". Mas então é preciso dar um passo a mais e assimilar o por-vir a um não-saber: na experiência analítica, o por-vir vem de um ponto de fuga que atravessa diferentemente a presença do analista e a do analisando, sob a forma de um não-saber que mantém aberta a perspectiva do desconhecido e do estranho, e logo também a da singularidade. É realmente o funcionamento dessa inadequação e dessa não-coincidência que causará o desenrolar de repetições novas. Mais uma vez, a repetição é sempre, de certo modo, falha, e conseqüentemente nova: uma marca que se acrescenta sempre assim à série das precedentes, gerando restos ou objetos.[23] Esse é outro modo de dizer que um tempo identificante dá lugar aos objetos pulsionais no tratamento.

Se, na maioria das vezes, um paciente chega à análise com a incapacidade de compor com o estranho dentro de si mesmo, e se apesar disso é capturado em uma vertigem de interioridade e de "ruminação", que o imobiliza em um espaço congelado, a própria presença do analista (ao mesmo tempo semelhante e estranho, mas não reduzindo a distância nem a tensão entre os dois pólos) é capaz de desestabilizar esse espaço, suscitando o engendramento temporal dos *lugares do corpo*. Identificações imaginárias e sua combinação na fantasia constituem telas que congelam o tempo de elaboração do corpo pulsional. E aqui, o móbil é, realmente, instaurar um tempo de composição que tente justamente atar identificações (no sentido de identificações mútuas entre vestígios), de outra forma que não seja pela alienação nas imagens. Na análise, o tempo identificante assume o valor de trabalho do tempo, que desfaz as capturas espaciais.

O tempo identificante desestabiliza as identificações narcísicas até produzir um descolamento que faz, passageiramente, surgir a angústia. Ele produz um percurso, um trajeto que remete novamente para o trabalho que se congelara e ao mesmo tempo ataca as identificações intemporais nas quais o eu estava paralisado no conflito. Assim, ele volta a pôr em movimento formas de "paradas na imagem", principalmente no ponto em que o eu se imobiliza em uma cena na qual supostamente preenche a falta do Outro. Desse ponto de vista, a análise cumpre um trabalho de desidentificação ou, mais precisamente, a travessia de planos fixos de identificações narcísicas. O tempo instaurador das superfícies pulsionais gera identificações movediças e repetições novas, que desestabilizam os planos congelados de identificação, nos quais a fantasia imobilizava o eu.

É quando um acontecimento psíquico *chega* afinal,[24] em um tempo de transferência, que pode cumprir-se a travessia de um plano fixo de identificação que mantinha o acontecimento em uma forma de intemporalidade. Essa *chegada* constitui um movimento pulsional e um tempo de efetuação que substituem uma imagem congelada, à qual o eu aderia inconscientemente. A travessia de um plano fixo de identificação implica um trabalho de transformação da aderência às imagens em uma experiência temporal. Essa é uma tarefa essencial do trabalho do tempo na análise. Nele, as repetições põem em jogo percursos que substituem as imagens: tempos para desprender-se das imagens e contar os traços que se repetem. Se a imagem *prende*, um tempo de transferência leva a *desprender-se* dela, quando nesse trajeto o analista nomeia a tempo a impossível coincidência.

No campo da análise, trata-se de pensar o corpo como uma elaboração temporal que procede por experiências de diferenças e de repetições, e que põe assim o desejo novamente em movimento. Trata-se de um corpo que nunca pode ser "visto de um só golpe", mas que, em contrapartida, pode "ter lugar", principalmente quando entra e se compõe nos tempos da transferência, a partir do momento em que o analista se define como "um eixo de temporalização".[25] Esse tempo do corpo se desenrola de um modo privilegiado, quando um analista encarna, de certa forma, "um representante da repetição."[26]

O analista não é primeiramente um semelhante — suposto radicalmente Outro — que se repete, desaparece e reaparece em horas fixas, graças à ação do analisando? Pode-se pensar que, de fato, é primeiro pelo analista que uma forma da repetição chega, a partir do momento em que ele "se prescreve a si mesmo como uma instância repetitiva".[27] Fazendo eco à proposição de Lacan, de 1964, segundo a qual a transferência é uma relação essencialmente ligada ao tempo e ao seu manejo, François Perrier concebe a transferência como uma conseqüência da posição do analista como "eixo de temporalização". Essa perspectiva permite extrair o efeito da transferência da simples dimensão do logro, mais-além das teorias freudiana ou lacaniana que explicitam a causa e a função desse logro, e que permanecem, evidentemente pertinentes e necessárias, embora não suficientes. Pois o logro toma tempo, e mais essencialmente, ele *instaura* um tempo. Ele se entende como a abertura de uma ficção que mobiliza tempos identificantes. Esse trabalho do tempo identificante atualiza encontros nos quais se manifesta a presença do desejo, e esse tempo não é reprodução do passado, mas recomposição dos encontros que interpretam o real.

Além disso, o analista abre um campo de temporalização da questão do outro, de tal modo que seus esquecimentos, seus atos falhos, suas inadequações e até seus sonhos repetem de maneira nova a questão do analisando e dão presença *àquilo que não cessava de vir sem ter lugar*. Assim, produzem-se encontros inesperados, nos quais se identificam mutuamente vestígios e se elaboram objetos. Mas essa é também uma maneira de dizer que na experiência analítica o tempo é *transferência*, na série dos encontros que a fala e as formações do inconsciente atualizam entre o analista e o analisando. Cada acontecimento psíquico é então constitutivo de um tempo de transferência em que ele encontra seu lugar de ressonância e de transformação, entre o analista e o analisando.

Fazer-se "eixo de temporalização", é também dar o eco que desfamiliariza as imagens, abrindo-as na surpresa para a linguagem que as atravessa: devolver seus tempos e suas ambigüidades à fala, e fazer surgir assim a dimensão do estranho no próprio coração do familiar. Nessas condições, quando toma a palavra, o analisando se desprende da ilusão do ser como substância estável e como unidade fechada: tomar a palavra, é então *tornar-se ainda o que era*. Em outros termos, tomar a palavra é entrar em um tempo reversivo, que terá valor de tempo identificante: cumprir esse trajeto na fala, ao fim do qual surge um *tendo sido*, isto é, contar posteriormente o que teve *lugar*, identificando-se como sujeito dessa fala, cujo alcance era desconhecido no momento em que se entrava nesse trajeto.

Antes de voltar com mais precisão ao tempo identificante no tratamento e a fim de apreender as condições da sua efetuação, é preciso necessariamente situar de novo as relações do tempo com o inconsciente e com suas formações.

O tempo que passa e o tempo que não passa

A experiência analítica geraria simplesmente encontros entre investimentos pulsionais passados e presentes? Trata-se justamente de passado e de presente? Basta dizer que a ação da transferência permite reatualizar e "liquidar" antigos conflitos? O uso freqüente desse último verbo já indica de que maneira um mal-entendido quanto a isso pode se instalar. Parece que as considerações clássicas relativas à lógica do tratamento se regulam ainda pela referência a um tempo linear. E logo se restabelece o preconceito segundo o qual, no tratamento analítico, a repetição concerne simplesmente a uma reatualização do passado no presente. Ora, veremos, antes, que são postos em jogo, no tempo identificante, encontros entre um tempo que passa e um tempo que não passa: encontros que só podem se efetuar graças a uma transferência. E é a série desses encontros, ou dessas repetições novas, que instaura o tempo interno de uma experiência analítica.

A fim de desenvolver essas proposições, é preciso primeiro admitir que na lógica dos processos psíquicos a passagem do tempo não poderia encontrar-se unicamente referida à nossa representação consciente.[28] De fato, é possível considerar que eu tenho uma representação do tempo na qual conto, de um ponto de vista aparentemente imóvel, sucessões que se ordenam como passado, presente e futuro. Mas simultaneamente e sem que eu saiba, os processos inconscientes abrem "devires" anônimos, desprovidos de síntese, e que não passam para ninguém: assim, eles não podem se tornar "passados".

Trata-se precisamente de abordar aqui uma divisão entre nossa representação do tempo e *os tempos* que constituem os processos inconscientes: divisão entre um "Sou consciência do tempo" e o "isso se torna" dos processos psíquicos inconscientes. Evoco nesse ponto *os* tempos que constituem os processos inconscientes, pois nenhuma localização, nenhuma sedimentação e nenhuma cronologia ordenam e fixam os movimentos e as transformações implicadas por deslocamentos, condensações, projeções, introjeções, retornos ao contrário ou à própria pessoa, identificações, regressões por figuração ou formações de seqüências da fantasia. Trata-se realmente de diferentes modos de tempos que transformam a língua e a relação com as imagens.

Nosso tempo e nossa conta da véspera, efetuando-se, vão incessantemente, sem saber, ao encontro desses outros tempos que os modulam:[29] de modo que encontros terão lugar — como que por acaso e por acidente — testemunhando a colisão entre um devir anônimo e um "isto me acontece agora"... Colisão de duas temporalidades que gera as condições da repetição. E, uma vez mais, não se trata de pensar aqui a repetição como cópia de um modelo, mas, antes, como um encontro. A repetição é sempre nova, pois ela se produz em um novo lugar, ou mais exatamente, ela produz um novo lugar, criado pelo encontro de duas temporalidades heterogêneas e pela atualização dos efeitos desse encontro. Cada um desses encontros gera uma singularidade, pois não só cada "agora" é determinado pelo seu confronto com o precedente e com o seguinte, mas estilos mais diferentes de devires impessoais, ou suas diversas combinações, podem se encontrar investidos de maneira privilegiada nesse momento.

Mas, antes de evocar mais precisamente essa colisão das duas temporalidades — entre o "isso se torna" e o "isto me acontece agora" — antes de evocar essa colisão que dá lugar à repetição, é preciso ainda interrogar essa proposição aparentemente antifreudiana concernente à temporalidade dos processos inconscientes.

O que para ninguém passa e não se torna passado

No seu ensaio sobre "O inconsciente", Freud afirma, em 1915, que "os processos do sistema inconsciente são atemporais, isto é, eles não são ordenados temporalmente, não se vêem modificados pelo tempo que se escoa, não têm absolutamente nenhuma relação com o tempo"...[30] E como observa com razão Maurice Dayan, "o terceiro enunciado não é de modo algum o resumo ou a conseqüência dos dois precedentes; e é de longe o mais contestável. Tratando-se de *processos*, não se vê como eles poderiam ter lugar sem nenhuma relação com o tempo".[31] Acrescentarei que esses processos inconscientes não são, efetivamente, suscetíveis de serem modificados pelo tempo, já que são em si mesmos formas de tempo, ou, como veremos mais precisamente, modos de *passagens*. Cada operação própria a um processo inconsciente (deslocamento, projeção, formação de seqüências, transferência etc.) tem apenas, de fato, uma consistência temporal e não espacial: é um modo de tempo ou uma operação de transformação e de *passagem*. Esses tempos instauradores de *passagens*, que são os processos inconscientes, se assimilam aos tempos que animam a realidade psíquica.

Percebe-se claramente que esses processos não são "ordenados" em referência à nossa representação consciente do tempo e que eles não estão submetidos à passagem *do* tempo, pois os processos primários se acham subtraídos à "tomada em consideração da realidade" e escapam à organização temporal do real. Entretanto, os processos inconscientes organizam persistências e transformações, em que a "energia psíquica" se escoa livremente, passando sem entraves de uma representação a outra, e em que "os investimentos podem ser transferidos por inteiro, deslocados, condensados".[32] A propósito dos representantes pulsionais que "persistem" no inconsciente, Freud observa, em 1915, que o recalque não os impede de "continuar a organizar-se, de formar derivados e estabelecer ligações".[33] Acrescenta até que "o representante da pulsão tem um desenvolvimento menos perturbado e mais rico quando é subtraído pelo recalque à influência consciente. Ele prolifera então, por assim dizer, na obscuridade...".[34] Em seu ensaio sobre "O inconsciente", Freud dirá também que esse inconsciente é "vivo, capaz de evoluir" e não é, em nada, "um resíduo". Além disso, as vias que levam da percepção ao inconsciente permanecendo livres, este pode ser atingido pelas experiências vividas provenientes da percepção exterior.

Assim, Freud se acha em contradição consigo mesmo, quando afirma que os processos inconscientes não têm nenhuma relação com o tempo, e ao mesmo tempo chama a atenção para um princípio de persistência e de proliferação. Não se pode, antes, considerar que, pelo jogo da energia livre que caracteriza os processos primários, *tudo se torna e nada cessa*, pois nada se torna passado? Pode-se, notadamente, ousar essa formulação a propósito dos acontecimentos pulsionais que persistem ali, em uma presença movediça; trata-se de acontecimentos que não cessam, que não estão parados nos nomes nem encaixados em imagens fixas... eles se fazem ainda e ainda, não evocando em nada a idéia de um "depósito inconsciente" que jaz em nós mesmos. O corpo pulsional está incessantemente em movimento na linguagem. Aqui, o tempo não passa, não se escoa; ele prolifera sem tornar-se passado.[35] De qualquer forma, é difícil *pensar* um tempo que não passa, pois o próprio ato do pensamento se produz do ponto de vista de um tempo que passa.

Trata-se de apreender os modos temporais inconscientes como os próprios tempos da *passagem*, já que "o que não passa no tempo é a própria passagem do tempo".[36] Nesses tempos da *passagem* (deslocamento, condensação, transferência, retorno...) nada se torna passado, pois nunca passou para alguém. Os tempos inconscientes são devires impessoais, porque não passam para ninguém. Essa persistência ou essa presença movediça não pode, assim, ter um "sentido único" nem "sentido correto", pois aqui os significantes não param de deslizar sobre aquilo para que eles remetem, sem nunca deter-se verdadeiramente. Para onde eles vão e para quem?, perguntaremos... Para parte alguma e para ninguém, pois não há direção, só há a passagem que persiste. E sob essas passagens, efetua-se a "pressão constante" da pulsão, o *Trieb* propriamente dito, que deve ser diferenciado da *Triebregung* (a moção pulsional), já que esta supõe uma atualização precisa e pontual da força pulsional. Segundo Freud, nunca se pode fugir da pressão constante da pulsão (ao contrário das excitações exteriores), que causa por isso mesmo todo o desenrolar da realidade psíquica.

Acontecimentos que não cessam

Finalmente, "só podemos conhecer os processos inconscientes nas condições do sonho e das neuroses, (...). Em si mesmos, eles são incognoscíveis e até incapazes de existir, porque o sistema inconsciente foi recoberto muito cedo pelo sistema pré-consciente, que se apoderou do acesso à consciência e à motilidade".[37] "A existência" supõe efetivamente uma condição temporal particular, que liga o ser ao desaparecer: um acontecimento existe verdadeiramente em nossa representação quando foi excluído de um presente e pode encontrar-se representado em um outro presente, isto é, quando pode se contar como ausente. Pode-se ainda aproximar essas proposições com formulações de Merleau-Ponty, para quem "o tempo mantém o que ele fez ser, no momento em que ele o expulsa do ser..."[38] ou ainda: "o tempo é em nós potência de não levar em conta e de aniquilar...".[39] Ora, do lado dos processos inconscientes, nada cessa, nada desaparece, nada é expulso, mesmo que seus componentes sejam mais ou menos investidos. Essa relativa "não-existência", correlativa a uma persistência e a uma insistência, é certamente uma das causas daquilo que Freud chamava "a atração" que os representantes inconscientes exercem sobre tudo aquilo com que eles podem estabelecer ligações.

Em contrapartida, do lado da existência, os acontecimentos podem ser "passados", ordenados e representados, a partir do momento em que sofreram "a prova de realidade": "... o pensamento possui a capacidade de tornar novamente presente o que foi uma vez percebido, por reprodução na representação (...). O fim primeiro e imediato da prova de realidade não é pois encontrar na percepção real um objeto correspondente ao representado, mas *reencontrá-lo* (...). Mas reconhece-se como condição para o estabelecimento da prova de realidade que objetos que outrora tivessem proporcionado uma satisfação real tenham sido perdidos."[40] É realmente esse julgamento de existência, correlativo à prova da realidade e à perda do objeto, que funda a nossa representação do tempo e a "constituição temporal da ação humana, inseparável do simbólico".[41] A prova de realidade é primeiramente uma prova do tempo, que torna possível um ato de subjetivação pelo movimento de um retorno, de uma retomada. A hipótese apresentada por Freud em 1925, segundo a qual "a inexcitação periódica do sistema perceptivo" e "o modo de trabalho descontínuo do sistema Pc-Cs" estariam na base do aparecimento da representação do tempo,[42] não parece, com efeito, suficiente.

Reunindo agora as conseqüências das proposições precedentes, conclui-se que somos, de certa forma, atravessados por dois tipos de tempo: o que passa e o que não passa. Nossa representação do tempo atribui aos acontecimentos existências que se ordenam na temporalidade, enquanto os processos inconscientes deixam os acontecimentos psíquicos na insistência daquilo que *não cessa* (isso acontece, por exemplo, com os verbos pulsionais que não cessam de conjugar uma vida, movendo-se em todos os sentidos, sem nunca se tornarem "passados").[43] Nesse tempo que não passa, cumprem-se efetivamente acontecimentos que *não cessam*. A expressão "*não cessa*" parece ser aqui a que melhor se adapta para designar acontecimentos que não acabam, que não têm termo e que não se tornam passados, mas que nem por isso permanecem imóveis e idênticos. Esses acontecimentos continuam a fazer-se e a transformar-se na lógica dos processos inconscientes, mesmo não obedecendo às leis de um tempo que passa, ou escapando à prova de realidade.

Por exemplo, poderemos dizer sobre a fantasia inconsciente que ela constitui um acontecimento que *não cessa*: o laço inconsciente que se ata entre o sujeito e o objeto determina uma série de *passagens* privilegiadas entre significantes, imagens e a força pulsional. Em outras palavras, a fantasia inconsciente *não cessa* de organizar o laço entre o sujeito e o objeto. Se, por exemplo, o laço fantasístico com o objeto empenha particularmente a pulsão escópica e a pulsão anal em uma composição em que o sujeito deve sempre ser olhado por alguém que lhe pede alguma coisa, e ao qual ele dá de volta sem cessar alguma coisa para preenchê-lo, então essa composição não cessará de organizar as relações com outros em combinações diferentes. Esse acontecimento fantasístico não tem termo e não se torna passado. Ele próprio é organizador de *passagens* e como tal ele *não cessa*, enquanto que suas conseqüências na vida de um sujeito poderão se apreender como episódios passados e presentes. Esse acontecimento que *não cessa* orienta um devir sob o estímulo de uma pressão pulsional que, segundo Freud, é constante. As moções pulsionais, diz ele, têm "seu ponto de impacto no inconsciente" e seguem assim o processo primário que corresponde ao investimento livremente móvel dos representantes psíquicos.[44] Esses acontecimentos que *não cessam* persistem pois na lógica dos processos primários, onde o investimento livremente móvel organiza deslocamentos em um tempo que não passa.

De outra maneira, manifestações psicóticas permitem apreender o estatuto dos acontecimentos que *não cessam*, já que nenhum tempo de subjetivação pode detê-los e os processos primários invadem o pré-consciente. Nessas condições, não podendo encontrar o seu lugar em um desenrolar temporal, em um antes ou um depois, um acontecimento tal como "quebrar-se" ou "sofrer a influência de raios" não encontra termo. Mesmo que ele leve a pessoa a inventar estratagemas para escapar, isso *não cessa* de se produzir nele e encontra-se constantemente aspirado, sem poder afastar-se verdadeiramente. Essa é entretanto uma forma muito particular de acontecimento que *não cessa*, que testemunha o fracasso do recalque primário e da prova de realidade. Essa invasão do pré-consciente pelos processos primários se produz na mesma medida em que a fantasia inconsciente não manteve em seu quadro o laço entre o sujeito e o objeto depois que a relação com a realidade foi abandonada.[45]

A transferência atualiza o que não cessa *de vir sem ter* lugar

Mesmo que o recalque mantenha uma barreira entre os processos secundários e os processos primários, entre o tempo que passa e o que não passa, eles se conjugam entretanto por ocasião de operações de transferência. Eles se conjugam permanecendo heterogêneos, pois não só "o pré-consciente se protege contra a pressão da representação inconsciente",[46] mas, além disso, "... a representação inconsciente é completamente incapaz, enquanto tal, de penetrar no pré-consciente e ela só pode exercer ali um efeito conectando-se com uma representação anódina, que já pertença ao pré-consciente, transferindo a sua intensidade para ela e fazendo-se cobrir por ela. Essa é a característica da transferência que fornece a explicação de tantos fenômenos impressionantes da vida mental dos neuróticos".[47] Pode-se concluir que, longe de se misturarem, o tempo que passa e o tempo que não passa só se encontram aqui graças a uma operação de transferência interna, que instaura um novo modo temporal. Esse entrecruzamento ou esse encontro geram finalmente o *lugar* da repetição ou o *lugar* dos acontecimentos psíquicos, onde se atualiza no conflito a presença do desejo, como na formação de sintoma.

O sonho seria o protótipo desses acontecimentos psíquicos, nos quais os desejos inconscientes compõem com as exigências e as "existências" do Pré-consciente. Esse encontro entre o tempo que passa e o tempo que não passa necessita pois de uma operação de transferência, tal como foi primeiramente situada por Freud no nível da formação do sonho, como modo de deslocamento pelo qual o desejo inconsciente se expressa e se disfarça através do material fornecido pelos restos pré-conscientes da véspera. A transferência abre aqui um *lugar* psíquico que detém, passageiramente, o que não se detém, e dá *figura* ao que não cessa de se produzir sem tornar-se passado. A esse respeito, o *lugar* transferencial propiciado pelo sonho se apresenta ainda como o paradigma da transferência no tratamento, se se considera que a presença do analista toma, entre outras, a função de um "resto diurno" para o qual as representações inconscientes transferem a sua intensidade.[48]

Entretanto, nesse último caso, a transferência implica além disso a suposição de que "isso passa" para alguém, ou mesmo por causa de alguém, e que, mais ainda, é um "alguém" que se repete: um sujeito suposto na repetição, que permite ao mesmo tempo dar figura a devires anônimos. Estranhamente, a presença do analista acha-se então identificada pelo analisando ao retorno daquilo que *não cessa* e por causa dele. Daí se deduz a particularidade dos encontros entre o tempo que passa e o tempo que não passa na experiência analítica, a saber que a presença do analista dá passageiramente um tempo ao que não passa, precisamente para fazê-lo passar. Para que aquilo que *não cessa* seja ligado na fala e no silêncio, é preciso que isso passe por ele, que isso volte da sua presença. Assim, a transferência atualiza o que *não cessava* de vir sem ter lugar. Aliás, não é raro que os analisandos sejam atravessados por imagens ou por sonhos em que o analista é posto em cena, de tal modo que *lhe acontece* o que nunca *aconteceu* completamente ao analisando (no sentido em que este nunca o reconheceu verdadeiramente), ao passo que isso *não cessa* de se repetir na sua história. Mas é freqüentemente por "acting out" no tratamento que aquilo que *não cessa* para o analisando *acontece* subitamente ao analista. É então uma *precipitação* que põe em ato o que *não cessava*. O analista, aquele por quem isso acontece, é pois realmente desse modo um "eixo de temporalização".

Nota-se assim mais claramente que a repetição no tratamento não é simples reatualização do passado no presente, mas encontro na transferência de um tempo que passa e de um tempo que não passa. No próprio ato desse encontro atualiza-se um tempo identificante, de tal modo que vestígios se identificam mutuamente em "parênteses de tempo". A esse respeito, Lacan já comentava no seu primeiro seminário a proposição freudiana segundo a qual o inconsciente se situa fora do tempo: "É verdade e não é verdade. Ele se situa fora do tempo exatamente como o conceito, porque ele é por si mesmo o tempo, o tempo puro da coisa, e porque ele pode como tal reproduzir a coisa em uma certa modulação, da qual qualquer coisa pode ser o suporte material. Não se trata de algo diferente no automatismo de repetição."[49] Mas também aqui não se deve supor uma simples reprodução idêntica da coisa. Lacan acrescenta: "...Por que a análise se transforma, desde o momento em que a situação transferencial é analisada pela evocação da situação antiga, em que o sujeito se encontrava em presença de um objeto completamente diferente, inassimilável ao objeto presente? Porque a fala atual, como a fala antiga, é posta em um parêntese do tempo. (...) A modulação de tempo sendo idêntica, a fala do analista tem o mesmo valor que a fala antiga."[50]

A situação transferencial se entende aqui como o lugar de encontro ou de superposição de duas modulações, gerando um "parêntese de tempo", um lugar de ressonância temporal, onde se manifesta a presença do desejo graças a um tempo identificante, pelo qual dois objetos se identificam mutuamente. Falar de um "parêntese de tempo" seria realmente um modo de situar a repetição na transferência: não como uma réplica do passado no presente, mas como um encontro que faz surgir a presença do desejo, a partir do momento em que dois objetos e duas palavras se identificam mutuamente.

Precisemos entretanto que "o tempo puro da coisa" no inconsciente não é, evidentemente, o passado, mesmo desconhecido. É, antes, que a insistência e a persistência da coisa inconsciente se encontram *a posteriori* reveladas pela abertura de um "parêntese de tempo" que confunde, ao mesmo tempo que distingue, um passado e um presente. Então, o instante da fala ou do acontecimento psíquico só toma corpo pelo seu estilhaçamento anacrônico no campo de presença aberto pela transferência, onde as simultaneidades irrompem na ordem da sucessão. O que não cessava *chega* em um parêntese de tempo aberto pela transferência.

A transferência abre "parênteses" onde ocorrem os acontecimentos psíquicos e onde se misturam os tempos, de tal modo que a fala ou o acontecimento possam ser subitamente entendidos como anacrônicos. E a escuta do analista dá ressonância aos tempos na fala, ao invés de congelar esta última no espelho de uma pura compreensão atual.

Tempos suspensos

Antes de prosseguir estas reflexões, é preciso diferenciar vários tipos de encontros entre o tempo que passa e o tempo que não passa.

Um primeiro aspecto seria o "sexual infantil inconsciente", o recalcado propriamente dito, pois a operação do recalque implica um desligamento, um isolamento, e uma entrada das representações intoleráveis em um tempo que não passa. Para esse recalcado, o sonho, o sintoma e o tratamento analítico oferecem lugares diferentes de transferência. O sintoma, notadamente, teria o poder de pôr em cena encontros entre o que *não cessa* e o que ocorre agora, atando a ação da força recalcadora à pressão cega que se manifesta em um tempo que não passa. A esse respeito, pode-se pensar que as diferentes organizações defensivas que são as "neuroses de transferência" constituem "tratamentos" temporais da força pulsional que *não cessa*.

Na fobia, particularmente, observa-se por exemplo que o "isso morde", ou o "isso não cessa de morder" (de castrar), se encontra, por um lado, limitado por uma proposição como "o cavalo morde", e por outro lado, "isso só morde quando eu vejo", ou só quando se apresenta, por exemplo, a imagem do cavalo. Assim, a fobia ergue uma imagem que limita e espacializa o tempo louco do "isso morde": ela faz uma barragem para o *não cessa*. Quanto à histeria de conversão, esta também pode entender-se como uma forma de espacialização do tempo em um órgão doente, por um modo singular de dar corpo a uma representação intolerável e ao *excesso* pulsional que *não cessa*. O "corpo estranho" do sintoma detém esse *excesso* em uma figura do corpo, que assume simbolicamente o conflito, ao mesmo tempo em que o reconduz.

Comentou-se mais o tratamento temporal aplicado pela neurose obsessiva, que se apresenta como uma tentativa de domínio do tempo e da morte, por processos de anulação e de imobilização, que supostamente cumpririam, por acréscimo, a mumificação de um falo inalterável. Essa organização aparece também como um modo de racionalização e de domação daquilo que "não cessa", através das compulsões e das encenações rituais. Por exemplo, não poder parar "a tempo" ou ser parado o tempo todo, não poder "fazer" o que inevitavelmente perderá valor ao ser "feito", pois é preciso sempre mais para satisfazer o Outro, oferecendo-se a ele como dejeto.

Comparando o neurótico ao parafrênico, Freud conclui que o primeiro "também abandonou, nos limites da sua doença, a sua relação com a realidade. Mas a análise mostra que ele não suprimiu de modo algum a sua relação erótica com as pessoas e as coisas. Ele a mantém ainda na fantasia; isto é, por um lado, ele substituiu os objetos reais por objetos imaginários da sua lembrança, ou então misturou uns e outros; por outro lado, renunciou a empreender as ações motoras para atingir os seus objetivos que se referem a esses objetos".[51] Se as imagens infantis recobrem os objetos presentes, elas os tornam inacessíveis, insatisfatórios ou impossíveis. De modo geral nas "neuroses de transferência", "tudo é posto na conta de um Outro"[52] que seria o senhor do tempo e do desejo, diante do qual a espera ou a demanda deixam o sujeito suspenso fora da presença. O desejo insatisfeito ou o desejo impossível sustentam a figura de um Outro todo-poderoso, figura infantil da eternidade, que dispensa da presença. Mas o que *não cessa*, no tempo da fantasia, são os tempos ou as *passagens* dos objetos parciais com os quais o sujeito se identifica. Os tempos do objeto são também os tempos organizadores do sofrimento: principalmente, a identificação com o objeto anal pode levar o sujeito a se constituir como objeto sempre rejeitado e expulso pelo Outro; assim se instaura um *tornar-se dejeto* ou um *tornar-se nulo*, no qual todo ato se deteriora em sua própria anulação. Ou ainda, em uma identificação com o objeto oral, ser consumido, engolido, e depois apagado pelo Outro, arrasta o sujeito para um *tornar-se, sem fim, alimento para o Outro*.

Essas rápidas indicações relativas à psicopatologia das neuroses permitem simplesmente chamar a atenção para a sua função de espacialização do tempo ou para a sua capacidade de conter a tensão suscitada pelo "tempo puro" daquilo que *não cessa*, pondo-o na conta do Outro. Precisemos também que esses tratamentos espaço-temporais da angústia que as neuroses representam já são, como no sonho, elaborados graças a transferências, no sentido amplo dos deslocamentos e das condensações que permitem atualizar os desejos inconscientes, conservando a relação com o objeto nas redes da fantasia.

Outro tipo de tratamento do tempo que não passa se detecta através das figuras do corpo que as formações narcísicas desenham. Penso especialmente aqui nas toxicomanias, nas bulimias, nas anorexias, e em certos episódios somáticos, que constituem — cada um segundo sua própria lógica — formas de enclaves ou de abismos temporais. Trata-se realmente de formações narcísicas e não de "organizações narcísicas", pois elas só podem se enxertar em organizações neuróticas ou psicóticas, instaurando precisamente outras formas mais radicais de tratamentos temporais. A impossibilidade de ligar ou de dominar a excitação põe em xeque a constituição de um sintoma, pelo qual se pronunciaria simbolicamente a verdade mascarada de um desejo, ao passo que se produz, antes, um "retorno sobre o eu", gerando uma formação narcísica. O que *não cessa* investe diretamente uma figura do corpo, organizando um tempo que não passa ou realizando em ato um devir circular. A esse respeito, evocarei na segunda parte desta obra a figura da *autocronia* nas toxicomanias e a do *tempo canibalesco* através da bulimia.

Essas figuras do corpo, como as que podem se desenrolar através de outras formações narcísicas, não podem se assimilar ao que se chama "retornos do recalcado". As formações narcísicas inventam dispositivos antinômicos (destruir conservando, desaparecer tornando-se...) que põem em cena e em ato o imposssível e o impensável daquilo que *não cessa* em um laço com o objeto sempre ameaçado.

Evocarei ainda um outro aspecto do tempo que não passa, a propósito dos acontecimentos traumáticos. Precisamente, observa-se que estes últimos são capazes de instaurar novas formas de acontecimentos que *não cessam*, que não têm termo, que não acabam. Ainda aqui, podemos referir-nos ao paradigma do sonho, na medida em que os acontecimentos traumáticos parecem agir como "restos diurnos" para os quais é transferida a intensidade das representações inconscientes. Mas essa transferência não daria lugar, aqui, a uma figura onírica que realizaria um trabalho de ligação; ela desencadearia, antes, um sonho interminável e sonambúlico, que só pode fornecer uma intensidade aumentada ao que *não passa*, dando-lhe corpo simultaneamente.

Essa é uma das vias abertas por esse questionamento sobre a temporalidade, que consiste em tentar renovar o pensamento do trauma, não considerando mais somente a sua constituição *a posteriori* (*nachträg-*

lich), mas também a sua capacidade de dar corpo a um devir anônimo. Recorro mais diretamente à clínica a fim de situar esse tipo de formação.

Seis anos depois da morte de uma criança nascida prematura, da qual ela estivera grávida, uma analisanda exclama bruscamente um dia, durante a sessão: "Não é só que eu não tenha aceito a morte desse bebê, é pior do que isso... é que a gravidez ainda dura, continuo grávida dele..." Embora o trabalho analítico tivesse permitido reconhecer que esse filho impossível, cuja gestação continuava depois da sua morte, também era o fantasma de um filho incestuoso, mesmo assim o acontecimento traumático desencadeara uma gravidez infinita, que redobrava, amplificava e transformava a primeira gravidez virtual. O real viera fazer uma incisão no virtual, praticando uma abertura por onde um tempo que não passa se escoava sem barreiras. No caso evocado, um filho permanecia em um "devir não-nascido", pois para essa analisanda era impossível que ele morresse ou que ele tivesse nascido, já que ele foi, de certa forma, imaginariamente concebido fora da relação sexual, pela absorção de medicamentos prescritos por um ginecologista. Foi depois de uma reelaboração da sua posição sexuada e do seu lugar nas gerações que a analisanda pôde pronunciar a frase citada acima, referente ao filho da sua interminável gravidez, e acrescentou: "Falo disso para fazê-lo existir!" E essas falas preparavam uma outra, tomando consistência imaginária no laço com a analista mulher: "Afinal, é impossível fazer um filho com outra mulher!" O tempo da transferência no tratamento desenrolara o *lugar* onde subitamente se tornou possível dar existência ao que *não cessava*, mas que não tinha lugar. De modo geral, a transferência seria esse tempo no qual surgem os acontecimentos que *não cessam* e que organizam em silêncio o devir de um sujeito. É somente quando esses acontecimentos *chegam* em um tempo de transferência que eles poderão ser constituídos como passados.

Antes de continuar essas reflexões sobre as figuras do corpo e sobre os acontecimentos que *não cessam*, é preciso ainda explorar as relações do tempo com o sonho e com a transferência.

Os tempos do sonho

De que maneira o próprio sonho põe em figuras o que *não cessa* e qual pode ser a função de um tal processo?

Os verdadeiros motores da formação do sonho seriam, segundo Freud, os desejos (*Wünschen*) infantis indestrutíveis, que ele compara às sombras dos infernos da Odisséia. Essas sombras são chamadas a uma nova vida logo que "bebem sangue".[53] Ligando-se com os restos diurnos e com os pensamentos latentes do Pré-consciente, e *transferindo* para eles a sua intensidade, essas "sombras do inferno" exigem, de certo modo, carne e figura. Elas retiram do mundo da véspera pequenos nadas, representações que nossa consciência às vezes abandonara: o que foi percebido sem ser às vezes completamente reconhecido. E assim, a cada noite, as "sombras do inferno" precisam de uma nova provisão, cuja substância elas vão desagregar, para reduzi-la a uma matéria-prima, isto é, a puras imagens de percepção que se imbricam em uma montagem pulsional pelo jogo dos significantes. O sonho é realmente então o lugar de transferência em que pode se realizar o encontro entre um tempo que passa e um tempo que não passa.

É no momento em que o sonhador está paralisado no seu sono e separado do mundo visível, que sobe e modela-se nele "um puro campo de olhar", habitualmente escamoteado na perspectiva oferecida pela visão do homem desperto. No momento em que se fecham a visão e o tempo da vigília, abre-se "um puro campo de olhar", de aparição e de transformação, onde, como diz Lacan, "isso mostra para ninguém": "Nossa posição no sonho", diz ele, "é afinal ser basicamente aquele que não vê. O sujeito não vê aonde isso leva, ele segue". Trata-se aí de um "dar a ver gratuito, onde se marca para nós a primitividade da essência do olhar".[54] Liberado de um tempo linear, o sonhador "segue" a metamorfose das imagens que se realiza em um jogo de escrita anacrônica.[55] Será necessário interrogar e desenvolver aqui essas proposições, a fim de esclarecer mais a função do sonho, que não poderia reduzir-se a uma operação estética, nem à simples realização de um anseio ou de um desejo preestabelecido.

O sonhador identificado com os tempos do objeto

No estado de vigília, a perspectiva se encontra, de certa forma, regulada por um sujeito da representação que só vê de um ponto e que, por isso mesmo, elide a função do olhar, a saber, que ele é olhado de todas partes. A esse respeito, Lacan se inspirava ainda nos últimos trabalhos de Merleau-Ponty, segundo o qual "o enigma está em que o meu corpo é simultaneamente vidente e visível":[56] ele é vidente, mas também é olhado de todos os lados no espetáculo do mundo; ele está no quadro.

No campo do sonho, o próprio corpo parece fazer-se quadro para ninguém no coração do sonho. O sonho não é simples visão do interior, nem cópia deformada do mundo exterior, mas uma *composição* que, em seu tempo próprio, figura talvez "o dentro do fora" e "o fora do dentro". É nesse entrelaçamento que pode, sem dúvida, surgir um "puro campo de olhar". A fim de experimentar essa hipótese, ainda é preciso referir-se a Merleau-Ponty, e mais precisamente às suas reflexões sobre o quadro. Nenhum quadro poderia ser pintado se não se modelasse em nós "a carne do mundo", isto é, "a gênese secreta e febril das coisas em nosso corpo": "Já que as coisas e o meu corpo são feitos do mesmo estofo, é preciso que sua visão se faça de certa forma nelas, ou ainda que a visibilidade manifesta das coisas seja duplicada, nele, por uma visibilidade secreta: "a natureza está no interior", diz Cézanne. Qualidade, luz, cor, profundidade, que estão ali diante de nós, estão ali apenas porque elas despertam um eco em nosso corpo, porque ele as acolhe. Essa equivalência interna, essa fórmula carnal da sua presença que as coisas suscitam em mim, por que, por sua vez, não suscitariam um traçado...? [57] Merleau-Ponty evoca o traçado no quadro: não uma imagem nem uma cópia do mundo, mas uma "quase-presença", "o avesso carnal" das coisas exposto ao olhar. O quadro oferece "ao olhar, para que este os despose, os vestígios da visão do dentro" e ele oferece "à visão o que a reveste interiormente, a textura imaginária do real".[58] O quadro não é imagem do mundo, ele é, segundo Merleau-Ponty, "o dentro do fora", e o "fora do dentro".

No campo do sonho, o processo de figuração é ainda mais complexo, pois nele não se trata nem mesmo de expor uma "quase-presença": não há exposto nem expositor para um olhar, mas antes um "puro olhar" que se expõe. Dizer que no campo do sonho se desenrola um puro campo de olhar significa que não há mais distância entre o que é visto e o ponto de onde isto é visto: os dois coincidem. Essa coincidência anula o tempo da perspectiva e o tempo da representação, em proveito das *passagens* constitutivas dos processos inconscientes. Essa fundamental ausência de distância entre o que é visto e o ponto de onde isto é visto instaura então um novo modo temporal, um modo de aparição absolutamente próprio ao sonho (e à alucinação, em outro contexto). Uma figura de sonho não é uma imagem determinada por uma visão, nem uma "armadilha para o olhar" [59] como o quadro; ela própria é um singular *lugar de olhar* anônimo ou um tempo de composição de um campo de olhar, mesmo que a elaboração secundária, e depois o relato do sonho, restaurem parcialmente uma encenação implicando inversamente o lugar de um sonhador-espectador. Uma figura de sonho olha o sonhador na medida em que objetos singulares o olham desde o tempo imemorial do infantil: objetos que *não cessam* de captar o seu desejo no imemorial da fantasia surgem e se transformam. Entretanto, o próprio sonhador se acha identificado no campo do sonho com esses objetos que o olham e o constituem, pois aqui não há mais distância entre o que é visto e o ponto de onde isto é visto. No campo do sonho, o sujeito *é* o objeto no próprio tempo da figuração.

O tempo do sonho representa, sem dúvida, um dos únicos lugares em que um sujeito se encontra completamente identificado com o seu próprio olhar — esse estranho objeto destacável e evanescente — a ponto de ser confundido com ele. Com efeito, ao contrário da visão, o olhar escapa e não pertence a alguém, e nunca posso ver o meu próprio olhar, isto é esse objeto pulsional inapreensível que atravessa a imagem especular. Ora, o sonhador pulverizado em seu próprio sonho se torna percurso ou trajeto desse olhar ao mesmo tempo íntimo e estranho. Quando surgem esses *lugares de olhar* que são as figuras do sonho, nenhum "ponto de vista" poderia ser privilegiado: um centro de simultaneidade constituído por condensação pode, às vezes, manifestar-se como uma mancha ou um ponto luminoso particularmente vivo, mas não como um "ponto de vista" estável. E os diferentes lugares de olhar se deslocam no sonho, graças a transformações sofridas pela linguagem que anima as figuras. Esses deslocamentos e essas transformações, em um campo de figuração em que sujeito e objeto coincidem, determinam o tempo próprio do sonho: aqui se cumprem os tempos dos objetos evanescentes, objetos captados e transformados nos movimentos da fantasia. No sonho, a ausência de distância entre o que é visto e o ponto de onde isto é visto instaura as condições da identificação onírica, na qual o sujeito *não cessa* de tornar-se os objetos que o afetam.

Dar figura aos laços: o trabalho do tempo no sonho

No campo do sonho, "o pintor" não é o eu nem o inconsciente, mas antes o "trabalho do sonho", em que o processo primário que vale para o inconsciente opera sobre figuras e sobre incongruidades de linguagem, elas próprias tratadas como figuras. Ele gera assim formações compostas por deslocamento e condensação, isto é, *figuras plurais não definitivas*, em permanente metamorfose segundo os eixos da simultaneidade e da sucessão. O termo de "figura" deveria aqui explicar uma *atuação do tempo na imagem*: lugar de passagem, ações de passar, depois de *ligar, em e pela figura*. No campo do sonho, as coisas não *são* para si mesmas nem para alguém, mas elas organizam *passagens*; e o próprio objeto da figuração não é uma coisa, mas o laço de uma coisa com uma outra. O sonho não é em nada uma cópia louca ou fantástica do real deformado pelo desejo; ele dá, antes, *olhar* ao que não se pode ver: *ele dá figura aos laços*. O corpo pulsional jogado em figuras não é simples "imagem do corpo". A sintaxe equívoca das palavras tratadas como figuras permite primeiro multiplicar os "pontos de contato" entre os elementos do sonho ou os diferentes pensamentos que podem assim expressar-se simultaneamente.

A propósito da multiplicação dos laços, Freud faz uma observação que muitas vezes passa desapercebida: "Uma vez que o pensamento do sonho, inutilizável sob a sua forma abstrata, foi transformado em linguagem figurativa (*bildlich*), encontram-se mais facilmente entre essa expressão nova e o resto do material do sonho os pontos de contato e as identidades necessárias ao trabalho do sonho. Ele os cria, aliás, onde eles não existem, pois, em qualquer língua, os termos concretos, em conseqüência de sua evolução, apresentam mais pontos de contato que os conceitos."[60] Notemos que essa linguagem figurativa cria laços onde eles não existem, provando assim uma atividade "auto-simbólica",[61] transvazando "o conteúdo do pensamento em uma outra forma".

O trabalho do tempo no sonho pode ser entendido como uma *atuação do tempo nas imagens*, que realiza *passagens*. As figuras do sonho não são, de fato, imagens constituídas, mas *composições* significantes, que captam e ligam forças, excitações. Elas se organizam a partir da polissemia da linguagem e resultam de manifestações pulsionais. Elas são emanações da força pulsional e instauram *montagens instáveis* pela atividade de transformação que lhes é inerente, abrindo as imagens à linguagem que as anima.

Freud observou que a atividade auto-erótica da pulsão, que tem o seu objeto no corpo próprio, *troca* esse objeto por um objeto análogo em um corpo estranho, depois a pulsão inverte essa relação, produz uma nova troca, e enfim introduz um novo elemento ao qual — no quadro da pulsão escópica, por exemplo — "isso" se mostra para ser olhado por ele. Entretanto, as etapas de transformação persistem umas ao lado das outras, de tal modo que se pode observar, ao lado de uma moção pulsional, o seu contrário, ou então a etapa que a precede.[62] Essa atividade pulsional evocada por Freud — que se pode assimilar a um ritmo da pulsão — não parece muito diferente do modo de composição das figuras no sonho, com a diferença que, no sonho, as etapas de transformação se tornam a própria ação do sonho que, pela colocação em figuras, se torna potência de olhar. Assim, um tempo não-linear, que não conhece a distinção passado-presente-futuro, se põe em figuras: tempo das trocas e das metamorfoses, apresentando às vezes as sucessões na simultaneidade. Esse é um tempo fora de toda representação do tempo, que produz *superfícies em devir instável*, nem internas nem externas, mas desenhando laços entre as duas. E, precisamente, o corpo pulsional não está fora nem dentro; ele atualiza uma série de percursos das excitações entre o corpo e o mundo, entre os objetos destacáveis dos corpos. Assim, o corpo pulsional se torna aqui quadro instável, onde se pinta o "fora do dentro" e o "dentro do fora".

É claro que, *a posteriori*, a proposição que introduz um relato de sonho e segundo a qual "eu vi" realiza uma usurpação em relação à pluralidade e ao anonimato do "isso mostra". Mas a visão, o saber e a nova temporalidade, recompostos pelo relato do sonho, não têm apenas uma ação negativa de supressão, de pura deformação ou de racionalização: a censura, que apaga certos absurdos, tapa furos, remaneja os elementos e os ordena em planos sucessivos, também introduz uma atividade de ligação cúmplice da verdade do sonho.

O acontecimento do sonho não tem fim

Este era certamente o sonho de Francis Bacon: superpor aparências em formas que não se encontram na vida, tornar visíveis o tempo e a força de alteração do tempo pela subida das "figuras". Mas o trabalho do pintor não pode coincidir com o trabalho do sonho, no qual o próprio tempo das substituições gera uma força de olhar anônimo que *dá figura aos laços*. Pode-se pensar que o sonho e o quadro são dois produtos diferentes de uma superposição silenciosa do dentro e do fora: elaborações de superfícies que não se podem objetivar nem deter... Pois essas são superfícies sempre em devir, que nos metamorfoseiam mais do que comunicam. Desse ponto de vista, o sonho, evidentemente, é bem mais "associal" do que o quadro, pois é verdadeiramente um produto psíquico que "não tem nada a comunicar a um outro", segundo a expressão de Freud em *Os chistes e sua relação com o inconsciente*.

Por que falar aqui de superfícies sempre em devir, não objetiváveis? "Se as criações não são uma aquisição", diz Merleau-Ponty, "é porque elas têm quase que a sua vida inteira diante de si..."[63] O sentido que lhes é dado *a posteriori* provém delas. É a própria obra que abriu o campo de onde ela aparecerá sob outra luz. E o filósofo evoca, a esse respeito, as mulheres de Matisse, que não eram imediatamente mulheres, mas que se tornaram mulheres: foi Matisse que nos ensinou a ver os seus contornos como "nervuras".

Assim, a obra desencadeia um tempo no qual ela será talvez percebida como obra dentro de alguns anos. E não é exatamente que nós a vejamos nem que ela nos comunique uma mensagem, mas nós olhamos doravante com ela, ela que continua a "modular na instabilidade" e a "fazer-se no fundo do nosso olho". A obra *se* torna, abrindo o campo de onde ela será percebida, de onde ela aparecerá ainda, destilando o visível do invisível. Assim se desenrola a sua superfície em um *devir instável*, que situarei também como *uma atuação do tempo na imagem*. O quadro seria pois esse acontecimento instável que, abrindo um campo, *se* torna incessantemente, de tal modo que nos tornamos com ele e que ele modifica, sem que o saibamos, as próprias condições da nossa percepção, sem nada nos dizer.

Nossos sonhos também não são aquisições, não são definitivos. E o corpo pulsional continua a fazer-se a cada noite, continua a "modular na instabilidade", através do campo do sonho. Nossos sonhos são esse laboratório das figuras, onde, enquanto uma coisa olha uma coisa transformar-se em outra coisa, o corpo se faz quadro fugitivo... para ninguém. Eles realizam assim uma insólita *auto-figuração*.

O fato de que nossos sonhos não sejam aquisições e não sejam definitivos se entende mais precisamente a partir da experiência analítica que visa precisamente esse devir no tempo da sua efetuação, pois o sonho não comunica uma mensagem já constituída, mas abre na análise as condições de retomada e de transformação de uma verdade que ele figura: abre assim um campo de composição da realidade psíquica. Um sonho pode realmente constituir um *acontecimento instável*, que abre um campo de composição e que desenrola as suas transformações ao longo de um tratamento. Além disso, depois que o sonho teve lugar, escutamos doravante com ele, mesmo que ele esteja aparentemente esquecido, pois abriu caminhos singulares, que os pensamentos poderão trilhar. Pode-se dizer que trata-se de um acontecimento psíquico instaurador de um *tempo de recomposição*, pois o sonho na análise é um lugar privilegiado de rasgaduras da trama do tempo e de abertura dos tempos empenhados pela linguagem no corpo pulsional. Um sonho analisado — e não um sonho explicado — teria, aliás, o poder de desenrolar os tempos do corpo pulsional e de *devir ainda* ao longo da análise, de aparecer ainda sob outra luz. Trata-se então de manter a força de ambigüidade do sonho, na medida em que ele *apresenta* (e não representa) o que ainda está por vir, o que ainda está por realizar. O trabalho do tempo no sonho encontra pois um destino particular no tratamento analítico: a atuação do tempo nas imagens instaura um tempo de composição e de transformação, que se desenrola ao longo de um tratamento. O sonho apresenta na análise uma composição em devir, de tal modo que seja possível ver ainda o que não estava *previsto* e ouvir o que não estava predito. É também nesse por-vir do sonho que se recompõe um passado.

Apreensão da linguagem e das imagens sobre o corpo

Nessa temporalidade aberta pelo sonho na análise, é primeiramente o corpo pulsional que continua a compor as suas potencialidades e a "modular na instabilidade". De fato, o sonho não tem apenas "capacidades diagnósticas" quanto ao estado dos órgãos, como indicou Freud; ele tem também o poder de pôr em figuras as metamorfoses do corpo pulsional. Nesse tempo do sonho *chegam* acontecimentos pulsionais que *não cessavam*.

Lembro aqui um relato de sonho. O sonhador é um homem e eis o que lhe acontece: *entre suas coxas, abre-se uma vagina que se torna um pulmão, graças ao qual ele pode enfim respirar*.

Meu objetivo não é analisar esse sonho, privado, nesta apresentação, dos seus restos diurnos e de suas associações. Trata-se, antes, de dizer que um tal acontecimento *chega* em figuras, como que pela primeira vez, nesse tempo de transferência que o sonho realiza na análise. Sonhos como esses têm então o poder de abrir um novo tempo de *composição* na análise, no qual outras figuras insólitas, fragmentos de lembranças e de novos laços associativos vêm, ao longo dos dias ou dos meses, ao encontro do enigma. Eles instauram esse tempo de composição no qual outros sonhos ou outros acontecimentos psíquicos virão ao encontro desses enigmas como que para dar-lhes uma resposta. Se as fantasias correspondentes não são inéditas, de qualquer modo o acontecimento e o advento desse tipo de sonho no tratamento inscrevem de uma nova maneira na história da transferência os devires pulsionais. Eles inscrevem uma guinada na preensão da linguagem e das imagens sobre o corpo. Em outras palavras, longe de deixá-los cristalizarem-se em representações traumáticas, a análise tende a desenrolar essa apresentação, de tal modo que aquilo que aconteceu seja pouco a pouco reconhecido e atravessado: assim pode-se realizar a travessia de planos de identificações.

A montagem e a chegada de tais sonhos na análise constituem um acontecimento que instaura o tempo de uma travessia de planos de identificações. A respeito dessa montagem e desse acontecimento, usarei aqui a fórmula que Lacan empregou sobre o sonho da criança que queima: "É apenas no sonho que pode fazer-se esse encontro verdadeiramente único."[64] Só o sonho pode, de fato, oferecer um *lugar* de figuração para encontros enigmáticos, que manifestam a verdadeira singularidade da composição pulsional de um corpo. Uma montagem pulsional se apresenta como o acontecimento de um encontro enigmático e singular, na própria medida em que não existe objeto fixo, adequado e pré-formado para a pulsão. Deve-se acrescentar que nesse *lugar* do sonho surgem assim *Triebe* "por vir", pulsões por vir, que ainda têm apenas um "sucedâneo de representação".[65] Este é o paradoxo posto em jogo pelo sonho: a pulsão ainda estava por vir, no próprio momento em que ela "persistia", desde o imemorial infantil, em um tempo que não passa. Não existe uma "antiga pulsão" que vem reeditar a sua cópia em um sonho: o próprio sonho atualiza encontros impossíveis e compõe montagens pulsionais inéditas, embora não tendo cessado de vir. A pulsão está por vir nesse tempo do sonho que é transferência, e o sonho abre ainda na transferência do tratamento o devir instável das suas montagens. O sonho como advento e como acontecimento instável, absolutamente singular, não poderia ser então congelado em representações: ele tem muita coisa a fazer e a fazer dizer para que seja detido. O tempo de composição aberto pelo acontecimento do sonho na análise implica uma série de retomadas, de recuperações, nas quais ele aparece ainda sob outra luz: o ponto de onde ele é visto se desloca de tal forma que ele possa ser ainda ouvido de outra maneira. Pois, para o sonho como para o resto, nada pode ser analisado *em uma só vez.* O sujeito se desloca com o acontecimento e a série dos deslocamentos realiza uma travessia.

O sonho compõe "o cardápio" do gozo

Não existe pulsão imóvel em depósito: uma pulsão não existe no espaço; mas apenas em um tempo de *passagem*, que não se torna passado, numa "pressão" que realiza um percurso constitutivo de um objeto evanescente. A pulsão é aliás situada por Freud como um "conceito-fronteira" (*Grenzbegriff*) entre o somático e o psíquico, isto é, que designa a fronteira entre o somático e o psíquico. E essa fronteira só pode ser instável. O que se chama pulsão na nossa "mitologia psicanalítica" realizaria essencialmente esse tempo de *passagem* da fronteira, incessantemente renovada, ao passo que ela não existe em si mesma como uma entidade psíquica autônoma e constituída. Pode-se pensar que esse trabalho nas fronteiras, graças à "delegação de um representante e de um afeto na vida psíquica", seria cotidianamente realizado no campo do sonho, pela atividade de destacamento e de autofiguração dos objetos parciais tomando o tempo da metamorfose das palavras. Esse trabalho de "delegação" de representantes na vida psíquica encontra *lugar* nas *passagens* construídas pelas figuras, quando o corpo jogado na língua desconstruída toma poder e tempo de olhar. Os objetos se elaboram como objetos pulsionais, isto é, como destacáveis, intercambiáveis, metamorfoseáveis, e conjugados por verbos que se voltam em todos os sentidos. Assim se realizam os tempos pulsionais no sonho, pela colocação em figuras das passagens: por exemplo ver, ser visto, fazer-se ver e ser inundado pelo prazer do olho, simultaneamente, em um sonho que mostra simplesmente uma das mãos passando água sobre um olho... "Encher os olhos",* dirá o sonhador! A língua pulverizada nas figuras dá aos objetos pulsionais o seu tempo de aparecimento e de transformação. É no campo do sonho que se desenrolam de modo privilegiado as "montagens" das pulsões, tecendo laços entre as excitações das zonas erógenas e dos "representantes psíquicos". E o sonho se faz assim intérprete das pulsões no campo das figuras, onde os representantes em movimento não são, de modo algum, redutíveis a representações definitivas.

---

* Em francês *se rincer l'oeil,* olhar com prazer. O verbo *rincer* significa lavar; daí o jogo de palavras com o conteúdo do sonho. (N.T.)

No campo do sonho, o desejo não se nodula assim com a pulsão, pelo jogo das figuras, a partir do momento em que o desejo capta os objetos pulsionais evanescentes na sua rede? A realização dos desejos inconscientes implica a atualização dos signos ligados às experiências de satisfação, e esses signos organizados em rede têm o estatuto de significantes que nunca podem significar exatamente o referente, mas que só podem remeter a outros significantes... como no sonho, e na análise do sonho em que nunca se tem a última palavra, mas apenas novelos de fios associativos, que se podem desenrolar incessantemente: um sonho não tem fim, mas um "umbigo" pelo qual, segundo a expressão freudiana, ele se liga ao "não-reconhecido" (*unerkannt*). Ora, como todas as moções pulsionais têm "seu ponto de impacto nesses sistemas inconscientes", elas "seguem esse investimento livremente móvel"[66] pelo qual se realizam transferências, deslocamentos e condensações. E não é primeiro no campo do sonho que as moções pulsionais encontram seu ponto de impacto nos sistemas inconscientes, no ponto em que se põe em figura o enganchamento das pulsões pelos desejos?

Lacan observou, no *Seminário XI*, que a pulsão oral, ao contrário da necessidade, não poderia se satisfazer com comida, mas com a leitura do cardápio! Essa piada poderia ser a imagem da função do sonho em sua relação com as pulsões: o próprio sonho não é a composição de um cardápio para a pulsão? O sonho não compõe o cardápio do gozo? Seu tempo constitutivo de encontros sempre novos entre objetos e vestígios permite, a cada noite, soletrar o cardápio do gozo e consumir os vestígios em figura. Se a pulsão é o conceito que designa a fronteira entre o somático e o psíquico, então o sonho se entende como trabalho de autofiguração e de composição do pulsional nas redes significantes do desejo.

O sonho tem o seu motor no encontro entre duas inadequações: a falta de objeto adequado e pré-formado para a pulsão (essa falta não sendo mais do que a outra face do excesso ou da tensão que a pulsão mantém) e a falta constitutiva do ser falante, dedicado ao jogo dos significantes (o reinvestimento dos "vestígios da percepção" não resultará no reencontro exato de uma primeira experiência de satisfação). A composição do sonho se efetua também sob essa dupla indeterminação, ou graças a essa dupla inadequação. O gozo impossível de ser reencontrado e os significantes sempre inadequados serão causas de montagens oníricas. Assim, pode-se entender também o não-senso do sonho, que reflete esta condição do sujeito: sua própria existência não está inscrita em algum lugar de maneira fixa e ele segue um desejo que corre de vestígio em vestígio, sem saber para onde isso leva. O sonho dá, entretanto, uma forma ostentatória imaginária a essa fuga, e nele se produzem contatos entre o jogo desregulado dos vestígios investidos e os objetos pulsionais: é aqui que se elaboram as montagens da fantasia, como figurações do desejo.

O sonho encaderna as páginas da identificação do eu

É no momento em que o eu se encontra completamente decomposto no sonho, no momento em que ele não está mais, precisamente, em condições de comunicar uma mensagem, que o maior número de ligações se realiza entre as pulsões, as imagens e os significantes. Esse momento corresponde a uma destruição da perspectiva que regula o mundo diurno da representação, e à mobilização de uma multidão de "pontos de vista diferentes", de onde um mesmo "material" poderá ser figurado várias vezes em um sonho ou em uma série de sonhos.[67] Mas o eu não está ausente desse quadro... simplesmente tornou-se um eu plural e migratório, não parado sobre a flecha do tempo, uma "formação compósita" em transferência.

De modo geral, Freud utiliza o termo transferência na *Interpretação dos sonhos*, para designar a passagem da energia psíquica de um representante para outro. Imaginemos aqui um eu composto de um conjunto aberto de representantes não definitivos, que transferem energia psíquica uns para os outros. "É a própria pessoa do sonhador que aparece em cada um dos sonhos..." precisa Freud.[68] O sonho continua sendo, efetivamente, uma formação narcísica, mas que se deve referir aqui a um trabalho de autofiguração pulsional, mais do que a um simples "egoísmo" do sonho. As pulsões se manifestam de um modo privilegiado no sonho, na medida em que elas podem, em figuras, ligar-se ao desejo e investir as imagens do eu que nunca aparecem como tal no tempo da vigília.

Freud menciona diferentes possibilidades de figuração desse eu "subentendido" por trás de outros personagens, e deduz-se dessas considerações que, de qualquer modo, ele nunca é identificável em um lugar estável, mas sempre decomposto em páginas de identificações, e sempre em *transferência interna*. Realmente, é primeiro no campo do sonho que aparecem em figuras os espelhos do eu e os traços dos objetos que ele adota inconscientemente. Eles se manifestam ali como páginas destacadas do eu, cuja encadernação o sonho faz. Mais particularmente, investimentos de objetos são substituídos por identificações: o eu decomposto no campo do sonho toma em figuras os traços dos objetos e ocupa simultaneamente o lugar de diferentes objetos figurados. No tempo do sonho, o eu *é* aquilo com que sonha.

Esse trabalho de transformação dos investimentos de objetos em identificações não é um aspecto fundamental do trabalho do sonho, que decompõe o eu a cada noite e figura assim as suas diferentes páginas? Não se trata apenas de objetos "abandonados", segundo o modelo freudiano da formação do eu pela sedimentação das camadas de identificações com os objetos abandonados, em referência à melancolia. No campo do sonho, cumprem-se mais ou menos, a cada noite, uma decomposição e uma autofiguração das diferentes camadas identificatórias do eu, que canalizam as pulsões, sem que os objetos em questão tenham sido necessariamente abandonados. O sonho pode então fornecer composições nas quais se diz a verdade do eu em seus impasses identificatórios: no ponto em que identificações contraditórias se realizam em figuras, deixando aparecer o lugar conflitual do eu.

O tempo do sonho *é* processo de transformação, tempo de figuração das passagens e das substituições, em uma forma de autofiguração dos conflitos psíquicos. Assim este sonho, cuja lógica será desvendada graças à detecção das três seqüências que o compõem: *A mãe da sonhadora condena a vida desta / A sonhadora se vê no campo, junto de seu pai, que se mostra amistoso como nunca foi no mundo da vigília / Subitamente, surgem mulheres que têm entre si uma relação sexual, e a sonhadora se junta às suas atividades*. Em figuras, realiza-se aqui uma substituição: sob o golpe da condenação materna, produz-se a troca da relação de amor com o pai em uma identificação com esse pai, isto é, a transformação de um investimento de objeto em uma identificação com esse objeto interditado.

Os sonhos são verdadeiramente, com os sintomas, os lugares privilegiados de expressão da complexidade dos impasses identificatórios. É passando e repassando pelos fios dessas composições que a prensa do sofrimento pode se afrouxar, quando o eu desperto reconhece os espelhos que o capturam e a lógica das suas viradas identificatórias.

No espelho movediço do sonho

Seria um erro reduzir o trabalho do sonho e sua linguagem figural a um puro jogo de deformação induzido pela censura, apresentando como que maliciosamente um enigma ou um rébus a decifrar. Situaríamos assim o sonho em um esquema clássico de comunicação: com um emissor inconsciente censurado e um destinatário que supostamente deve decifrar a mensagem.

Freud é ambíguo nesse ponto, pois ele próprio atribuiu à interpretação no tratamento analítico a tarefa de "restabelecer uma comunicação normal", transformando o conteúdo manifesto do sonho em conteúdo latente ou revelando os pensamentos do sonho que precediam a figuração, graças às associações do sonhador. Mas em 1925, em um acréscimo à *Interpretação dos sonhos*, finalmente precisou que "a essência do sonho" não é mais do que o trabalho do sonho.[69] "O trabalho do sonho não pensa nem calcula; de um modo mais geral, ele não julga; ele se contenta em transformar."[70]

A essência do sonho seria pois essa atividade de transformação dos pensamentos inconscientes em conteúdo do sonho, atividade de transformação no sentido pleno do termo: não tradução mas criação de laços por produção de figuras, não uma espacialização de pensamentos inconscientes já constituídos, mas um tempo de composição da realidade psíquica. O sonho é um acontecimento psíquico que vale, a cada vez, como advento, pois não existe um *metteur-en-scène* inconsciente nos bastidores do sonho, que faria os "figurantes" representarem no palco uma peça já escrita. A linguagem, privada de sua função de comunicação, encontra aqui o seu lugar de desenvolvimento e de ressonância em figuras que compõem superfícies instáveis nos tempos pulsionais. A produção do conteúdo figurado do sonho não é uma das "últimas pinceladas" do processo de formação do sonho, é o "ato psíquico" do sonho que cria retrospectivamente o seu próprio antecedente: é ele que abre o campo de onde poderá ser interpretado, e que modela os laços que poderão ser reconhecidos. O primeiro tempo lógico é pois, aqui, o do ato de transformação, a partir do qual outros tempos poderão ser deduzidos ou reconstruídos.

Isso acontece com o *tempo na figura*: são as distorções, as transformações, os desequilíbrios e as vacilações dos diferentes elementos que modelam as figuras... nesse lugar onde não há visível para alguém. Não existe um "original" inconsciente e cópias oníricas; é um original que será produzido pelas transformações. Assim como a linha na pintura, que não imita o visível, mas que torna visível, por sua maneira de "ir em linha", segundo a expressão de Henri Michaux, as figuras do sonho geram ligações. Em outras palavras, o sonho não é uma fotografia da vida psíquica, mas, de fato, uma montagem instável na qual se realizam encontros, *de onde, a posteriori*, "eu" [*je*] posso surgir como sujeito do sonho. Daí o caráter de infixidez do sujeito do sonho: ele nunca está *já ali*, e só se encontra pontualmente produzido em atos ou movimentos de troca e de ligação. O sonho seria então, essencialmente, trabalho de composição da realidade psíquica, e sua retomada na análise lhe dá estatuto de acontecimento que tem poder de desencadear a travessia de um plano de identificação.

Acrescentarei aqui uma observação: o trabalho de ligação realizado pelo sonho assume diferentes funções no tratamento, segundo ele se apresente como tendo sempre um tempo de avanço em relação ao trabalho de elaboração do analista e do analisando, ou segundo ele venha atar, *a posteriori*, elementos laboriosamente desenvolvidos ao longo das sessões, que não tomavam laços nem corpos para o analisando. Os sonhos seriam ao mesmo tempo antecipadores e reversivos, em relação ao processo analítico. No primeiro caso, o sonho é "provocador" — no duplo sentido do termo — e capaz de provocar perplexidade, pontualmente, no analista e no analisando, que tentarão "segui-lo" sem fechar os caminhos que ele abriu. O sonho age então como um motor essencial do processo analítico, e o estrutura por essa função de antecipação. Encontra então a sua plena atividade de intérprete na transferência, e pode remeter ao sujeito a sua própria mensagem, sob uma forma invertida e figurada. No seu aspecto reversivo, o trabalho de ligação realizado pelo sonho se apresenta como um provisório "momento de concluir": tempo de atualização de laços e de superfícies que meses de trabalho analítico apenas anteciparam, e que só tem *lugar* a partir do ato psíquico realizado pelo sonho. Deixo aberto esse questionamento, que visa particularmente a função transferencial de atuação do tempo nas imagens.

Criar laços e superfícies a cada noite, pela decomposição das páginas do eu investidas pelas pulsões, seria assim um modo de fazer-se quadro *sem perspectiva*. Essa atividade de autofiguração de montagens pulsionais atadas aos desejos e às imagens do eu não seria uma função essencial do sonho, mais originária do que a de realização do *Wunsch* ou do desejo? Quanto a essa realização, é preciso aliás postular que o desejo inconsciente não precedia exatamente a formação do sonho: o trabalho do sonho compõe o desejo inconsciente que não tinha lugar. Assim, o esquema freudiano implicando a existência de pensamentos latentes do sonho que só esperam a sua pura expressão e sua maquiagem nas figuras do sonho não parece mais satisfatório.

Foi a respeito dos sonhos traumáticos que Freud evocou uma função do sonho mais originária do que a realização de desejo, e que, todavia, não o contradiz: trata-se de uma tentativa de ligar psiquicamente as excitações que irromperam no aparelho psíquico, enquanto este não estava preparado pela angústia. Essa omissão da angústia teria precisamente causado um trauma. Esses sonhos, acrescenta Freud, "obedecem antes à compulsão de repetição, que aliás encontra o seu apoio, ao longo da análise, no desejo, estimulado pela sugestão, de fazer ressurgir o esquecido e o recalcado".[71] Canalizando o excesso e a angústia, a presença do analista precipita a subida das figuras. O sonho aparece então como um espelho instável que, longe de refletir o que já estaria constituído, dá um tempo de transferência ao que não tem lugar. De modo privilegiado e em uma precipitação constituinte, o sonho no tratamento detém passageiramente em figuras aquilo que *não cessava* e que ainda não integrava o tempo do desejo.

Como propõe Maurice Dayan, pode-se pensar que a exceção dos sonhos traumáticos, admitida por Freud para a sua inabalável teoria do sonho, era talvez a regra! O real não é, por essência, um "excesso", um trauma, em torno do qual devem modelar-se as figuras do corpo? Todo sonho não seria, em sua essência, "sonho traumático", na medida em que ele tem por função captar o real e o excesso pulsional na rede dos vestígios do desejo? Mais precisamente, o sonho é um tempo de transferência que revela o real sexual, velando-o e transformando-o.

Freud não hesitava em dizer que as pulsões têm um impacto traumático enquanto as suas excitações não estejam ligadas.[72] E é também por causa da ausência de ligação dos "vestígios mnésicos recalcados" que existe "essa capacidade de formar, por conjunção com os restos diurnos, uma fantasia de desejo, que cabe ao sonho apresentar de modo figurado".[73] Dizer que todo sonho é, em sua essência, um sonho traumático não significa que ele seja o efeito de um acontecimento traumático propriamente dito, mas que toda pulsão abre uma falta e ao mesmo tempo um excesso em errância, que corre de vestígios em vestígios, à procura de suas figuras. Efetivamente, o real está sempre ali cedo demais: estamos sempre atrasados de um real, que o sonho tenta vestir a cada noite.

Mas muitas vezes, o sonho, na análise, inclui além disso a presença do analista, de tal modo que ele é o lugar de uma transferência de transferência. É então que ele adquire o seu maior poder de transformação e sua maior capacidade de realizar um tempo identificante. Trata-se do sonho *refletido*, que põe em cena aquele a quem ele se dirige e que tem o poder de produzir *a posteriori*, por esse redobramento, um ato de subjetivação. Uma alegoria é dada por este surpreendente relato de sonho: *Introduzida por seu analista em um cômodo sombrio, uma analisanda observa um objeto pendurado na parede entre outros obje-*

tos: um espelho que não é verdadeiramente um espelho, pois a sua moldura é a de um quadro. Olhando esse espelho de lado, colocando-se exatamente na borda da moldura, ela vê ondas que agitam a sua superfície. É um espelho profundo e movediço, no qual se poderia mergulhar. O analista diz: "Agora vá. É preciso que, afinal, você se veja!" Palavra de sonho!

O trabalho do tempo reversivo

O estatuto do sonho no tratamento analítico permite considerar a ficção de um corpo não capturado em uma imagem congelada, um corpo cujas superfícies mantêm um devir instável, que o trabalho analítico tenta abrir mais ainda, desfazendo o próprio relato do sonho. Desse ponto de vista, um corpo não está ainda lá, mas ele se *torna*, em composições e justaposições. O tempo não é constituído nem representável como tal, mas é constituinte de uma série de ligações. O sonho realizaria assim tempos de composição, isto é, uma forma privilegiada do tempo identificante. E é realmente esse tempo que opera no tratamento analítico, embora este não seja um sonho.

"O que ele encontrou, ainda não o tem"

A fim de situar esses tempos de composição na experiência analítica, recorrerei mais uma vez ao trabalho do pintor, tal como foi evocado por Merleau-Ponty:

"No momento em que acaba de adquirir um certo saber-fazer, ele percebe que abriu um outro campo, onde tudo o que ele pôde expressar antes deve ser dito outra vez. De modo que o que ele encontrou, ainda não o tem, ainda deve ser procurado; o achado é aquilo que solicita outras procuras."[74]

Logo que um elemento novo intervém, toda uma trama passada fica, com isso, recomposta. Todo avanço modifica assim aquilo que o precede. E é pelo trabalho da procura que se segue ao achado que se cumpre verdadeiramente a mudança, isto é, a recomposição. Essa lógica me parece exatamente análoga àquela que organiza a mudança psíquica no tratamento analítico: o acontecimento mutativo não é uma aquisição, mas antes um acontecimento que abre um "outro campo" e desencadeia então um tempo de recomposição. Um acontecimento mutativo não pode se reduzir ao reconhecimento de alguma coisa que já estava pronta para deixar-se apreender; ele modifica, antes, a posição de onde o sujeito percebe ao mesmo tempo que aquilo que ele percebe. De fato, não podemos capturar o achado, "tê-lo", pois ele se *torna* abrindo um campo onde continuará a aparecer. Esse devir constitui uma travessia cujo termo não está fixado. Assim se apresenta o trabalho do tempo na análise, pelo qual todo acontecimento novo recompõe aquilo que o precedia e todo achado abre um campo onde ele continuará a aparecer.

Ali, mudança psíquica não pode ser assimilada simplesmente a uma modificação datável dos pensamentos e dos atos de um indivíduo, ela diz respeito ao acontecimento instável e instaurador que, através dela, *se torna* ainda e toma tempo; pois do lado dos processos psíquicos, nada se pode *ver de uma só vez*. A mudança *se efetua* fora da apreensão lúcida e brutal de uma visão esclarecida, que seria apenas forma congelada e idealizada. O acontecimento é essencialmente mutativo quando se faz e ainda não está encerrado. Ele começou, por exemplo, por ocasião de um sonho e de uma análise de sonho ou de uma interpretação, mas ele não acaba; o que supõe, evidentemente, que esse acontecimento permaneça ambíguo e não seja esmagado pela univocidade de uma significação. O acontecimento psíquico capaz de gerar um tempo de recomposição não poderia encontrar-se completamente constituído, objetivado, nem atribuído a um lugar estável. Assim, ele permanece no tempo mais do que no espaço. É preciso também diferenciar um acontecimento mutativo do tempo de cristalização de um novo símbolo. A esse respeito, Lacan observou que há em "todo saber uma vez constituído uma dimensão de erro, que é esquecer a função criadora da verdade sob a sua forma nascente",[75] pois, efetivamente, quando alguma coisa vem à luz, "alguma coisa que somos forçados a admitir como nova, quando emerge uma outra ordem da estrutura — pois bem —, isso cria a sua própria perspectiva no passado, e dizemos: *Isso nunca pôde não estar ali, isso existe desde toda a eternidade*".[76]

Não se pode ser espectador de um acontecimento mutativo, nem integrá-lo à ordem do conhecimento, a não ser destruindo o seu tempo de mutação. É por aquilo que eu ainda não posso ver que se faz o tempo dos acontecimentos em mim. É por um ponto de fuga que atravessa a superfície refletora da consciência que um tempo instaurador faz aqui a sua obra, desviando qualquer forma de "parada na imagem". Além disso, esse trabalho do tempo não poderia acrescentar-se de modo extrínseco aos processos postos em jogo no tratamento, pois antes é ele que os estrutura. Assim se produzem tempos de transformação, graças a descentralizações e vacilações de um "ponto de vista" que desejaria capturar o devir em uma imagem.

Esse trabalho do tempo na análise se entende também através da experiência da relação com a verdade na palavra. Eis o que escreveu Jean Beaufret a respeito da palavra de verdade, em sua apresentação do Poema de Parmênides: "Assim a palavra de Verdade, longe de bastar-se a si mesma, só se cumpre nomeando o que a supera, e diante do qual toda palavra deve ceder para tornar-se o que ela é, entretanto, ela mesma, como palavra e como verdade. Manter-se na verdade não é pois ter uma morada em uma luz sem sombra."[77] Essa relação da palavra com a verdade continua sendo essencial para a experiência analítica, pois a palavra se torna o que ela é, dando lugar ao que a supera, o que a supera não podendo então encerrar-se em um *dito*. Dar lugar ao que a supera é também dar lugar ao que a precede: toda palavra de verdade é então uma antecipação constituinte, na medida em que ela "projeta para trás do seu ato" o que ela faz advir pelo seu ato: "um ente tendo sido".[78]

A idéia da mudança

Um pensamento "conservador" da mudança psíquica restaura necessariamente uma idéia de aquisição, que utiliza, ela própria, uma referência a um tempo linear e espacializado.[79] Além disso, ele só considera a mudança do ponto de vista do passado, do presente e do futuro de um indivíduo. Ora, o pensamento do devir psíquico na psicanálise me parece descentrar essa perspectiva e levar em conta a multiplicidade e a complexidade dos processos psíquicos: assim, ele considera antes o passado, o presente e o futuro dos acontecimentos psíquicos que atravessam um sujeito, ou, mais precisamente, a cadeia dos acontecimentos que atravessam um sujeito na experiência da transferência. A orientação da temporalidade não é então apenas referida a um sujeito da representação, mas a um acontecimento ou a uma constelação de acontecimentos psíquicos que conduzem seus tempos próprios através da história de um sujeito (certas falas, encontros traumáticos, identificações, sonhos, sintomas...). Trata-se de uma descentralização essencial do pensamento do tempo e da mudança, levando a distinguir os múltiplos devires dos acontecimentos psíquicos que atravessam um sujeito e o modificam de passagem. Esses acontecimentos psíquicos não podem, a partir de então, encontrar-se reduzidos a aquisições, a incidentes fechados e detectáveis: de certa forma, eles têm toda a nossa vida diante deles![80]

Em outras palavras, o sujeito no tempo não é apenas esse ponto que se desloca sobre uma linha orientada e que teria, de algum modo, a sua vida diante e atrás de si; trata-se de considerar a série dos acontecimentos psíquicos que abrem temporalidades múltiplas, eventualmente contraditórias, e que são, de certa forma, *sujeitos dos tempos que nos atravessam*. Estes últimos se atualizam em transferências, no encontro do tempo que passa e do tempo que não passa.

É preciso até acrescentar uma outra dimensão a essa descentralização: potencialmente, e se se consideram os processos de transmissão entre as gerações, os acontecimentos psíquicos não têm somente a nossa vida, mas várias vidas diante de si. Sabe-se, por exemplo, que um acontecimento se comporta às vezes como uma "bomba de efeito retardado": ele pode atravessar toda uma vida sem nada desencadear e só estourar na geração seguinte, quando encontrar um lugar de transferência. Assim, ao invés de considerar simplesmente o passado, o presente e o futuro de um indivíduo para situar o devir, consideramos também aqueles acontecimentos psíquicos que o atravessam e o modificam. Diremos também que não só um acontecimento psíquico tem a nossa vida ou várias vidas diante de si, mas que, além disso, esse "diante" irradia o passado. O devir aberto pelo acontecimento psíquico não poderia ordenar-se estritamente pela flecha do tempo linear: a partir do momento em que ele é atualizado, recompõe ao contrário o que o precedeu, para dar lugar ao por-vir.

A idéia de "dever mudar" ou de "mudar a si mesmo" liga-se provavelmente a uma concepção romântica, que pode, aliás, desenrolar-se em uma perspectiva tirânica. Muitas vezes, o que se cristalizou assim sob a forma de um preconceito psicológico constitui, entretanto, uma das causas explícitas de uma demanda de análise. E essa é evidentemente a ocasião de um passageiro mas necessário mal-entendido entre o analisando e o analista, pois o primeiro refere essa mudança a um tempo linear no qual ele se situa como sujeito da representação à procura de um ideal a atingir, enquanto o analista se abstém, se possível, quanto a esse ponto. Toda representação da mudança é em si normativa e acarreta a alienação a um termo fixado, que congela *a priori* a verdade do sujeito em uma forma ideal. Além disso, muitas vezes é suposto que o analista detém a representação antecipada dessa verdade, cuja revelação produziria a mudança desejada. E é de fato na medida em que o analista não se deixa imobilizar nesse lugar que se abrem as figuras da mudança: as recomposições inesperadas que se seguem ao achado e à surpresa. O analista será necessariamente identificado ao "ponto de vista" estável a partir do qual uma mudança pode representar-se, e é graças a esse mal-entendido que outras formas de mudança — sem "ponto de vista" fixo — poderão realizar-se.[81]

Em quê essa concepção dos tempos psíquicos é essencial à clínica? Por que considerar a série dos acontecimentos psíquicos que são sujeitos dos tempos que nos atravessam? Porque a atualização desses tempos na transferência dá precisamente lugar a encontros inesperados entre esses diferentes tempos, de tal modo que aquilo que persistia isoladamente na sua lógica própria possa subitamente cruzar outras persistências cegas. Essa atualização na transferência é essencial na medida em que diferentes tempos que não se encontravam podem chocar-se ali. Essa seria uma das molas do que se chama "mudança psíquica" no tratamento analítico.

A fim de esclarecer essa afirmação, podemos justamente referir-nos a uma seqüência clínica que evoca uma configuração aparentemente banal no campo da experiência analítica, na medida em que ela se refere ao complexo de Édipo. Suponhamos assim uma identificação inconsciente de uma mulher com sua própria mãe, e mais precisamente com o peso e com a dor dessa mãe abandonada pelo marido. Essa identificação só será verdadeiramente abalada no momento em que ela se apresentar na fala ao *mesmo tempo* que a expressão de um medo pânico de ser desejada pelo pai. Se o sintoma consistisse aqui em imaginar-se envolvida em uma camada de gordura, que deveria provocar a rejeição dos homens, esse sintoma só cederia graças a um encontro inesperado nas associações entre a identificação com a mãe e o desejo interditado pelo pai. Enquanto tudo parecia conhecido pela analisanda quanto à identificação com essa mãe e essas evocações produziam nela mais cansaço que descoberta, enquanto a dimensão do desejo pelo pai só era ouvida em uma fala banal que não ressoava, a súbita simultaneidade na fala desses dois tipos de acontecimentos os faz aparecer de forma completamente diferente, sob uma outra luz. O encontro brutal desses dois acontecimentos que levavam os seus tempos próprios ressoa em uma composição nova que os revela. Mais precisamente, uma identificação e um investimento de objeto ainda não se encontravam, ignoravam-se mutuamente, enquanto um não existe sem o outro.

Assim, a clínica solicita uma teoria dos processos psíquicos, entendida como uma teoria dos tempos psíquicos. Uma das características desses tempos psíquicos seria justamente levar seu devir anônimo no desligamento, abrindo caminhos cegos de sofrimento em uma lógica autônoma e implacável. Ora, importa que esses tempos sejam reunidos em *compassos* na transferência, como as linhas de uma partitura musical, para que ressoem verdadeiramente os acontecimentos psíquicos. Os tempos psíquicos desligados desencadeiam em silêncio forças autônomas e só encontram suas *vozes* atando-se uns aos outros, ressoando assim em conjunto, aparecendo então de forma completamente diferente e como que pela primeira vez.

Uma teoria dos tempos psíquicos é também necessária à prática analítica, na medida em que a intervenção do analista assume aí o seu sentido, pois essa intervenção visa a presentificação de simultaneidades, ou a conjunção e a colocação em ressonância de tempos que não se encontram. A "escansão" praticada pelo analista em uma sessão pode entender-se sob essa referência à presentificação e à colocação em ressonância: reunir no instante de uma palavra ou de algumas palavras a série dos tempos postos em jogo pelas sucessões de falas em uma sessão.

O não-lugar* da origem

Essa outra lógica da mudança psíquica, na experiência analítica, também leva a questionar novamente a função da origem. Com efeito, se a origem fosse o começo, não haveria possibilidade de mudança psíquica. Como veremos, a origem é o que não se cessa de deduzir quando se atualiza um tempo de recomposição, de tal modo que ela se encontra produzida em um tempo reversivo. A origem é esse momento fora do tempo, inapreensível, que excede todo começo. É a interpretação do começo que toma figura de origem, autorizando a constituição de uma história que não é nem o passado nem o vivido. E a cada vez que o "novo" se inscreve em uma vida, é na medida em que, simultaneamente, a origem se viu recomposta.

Seria preciso dizer então que com o trabalho do tempo na análise não caminhamos, segundo a flecha linear do tempo, em um único sentido; vamos pelos menos nos dois sentidos ao mesmo tempo: para o por-vir e para a origem. E é realmente porque a origem é um conjunto de traços orientados por uma ficção e porque, logo, ela não é congelada, ao contrário do começo, que ela representa justamente o ponto de volta às fontes de toda a história. É porque ela é fictícia e porque pode assim

* Em francês, *non-lieu,* que também é um termo jurídico que significa "improcedência". (N.T.)

ser recomposta, que ela faz papel de ancoragem para toda a cadeia da história. Ou ainda: é porque a origem continua sendo fundamentalmente um não-lugar, um vazio em transformação, que as mudanças psíquicas podem produzir-se. Esse não-lugar da origem se encontra recoberto pelas teorias sexuais infantis, pelos romances familiares, e mais geralmente — no nível cultural — é fundado pelos mitos que possuem uma função de instauração, pela mobilização de um tempo primordial.

Então, é necessário diferenciar a "composição da origem" daquilo que Freud chama "construção na análise": pode-se falar de construção, diz ele, quando "se apresenta ao analisando um período esquecido da sua pré-história, por exemplo nestes termos: 'Até a idade X, você se considerou como o possuidor único e absoluto da sua mãe; nesse momento, um segundo filho chegou, e com ele uma forte decepção. Sua mãe o deixou durante algum tempo e, depois, não se dedicou exclusivamente a você. Seus sentimentos para com ela se tornaram ambivalentes etc.'"[82] Mesmo se transformarmos e desviarmos a noção freudiana de construção, mesmo que os analistas de hoje não "construam" mais da mesma maneira que Freud, essa noção se refere mesmo ao passado e aos começos. "O que desejamos", precisa Freud, "é uma imagem fiel dos anos esquecidos pelo paciente, imagem completa em todas as suas partes essenciais."[83] E Freud, ao mesmo tempo em que anuncia os seus limites, utiliza a metáfora arqueológica para situar a ação do analista: segundo os vestígios encontrados, ele completa e reúne os restos conservados; segundo os indícios que escaparam ao esquecimento, ele constrói o que foi esquecido. A construção não é pois idêntica à composição, tal como ela foi aqui ressituada em relação à origem e em referência ao acontecimento instável e instaurador, que modifica a posição de onde o sujeito percebe, e ao mesmo tempo o que ele percebe: aqui, um tempo de recomposição não pode se fechar com uma representação.

Não existe origem atribuível, uma vez por todas, que continuaria congelada em uma representação unívoca do começo. O trabalho de composição da origem no tratamento implica tempos de deslocamento e de transformação.[84] É por aí mesmo que as mudanças podem se realizar. Diferentes figuras da origem deverão ser compostas, a fim de que se atravessem e se desenlacem identificações alienantes.

Dar lugar a tempos de recomposição na análise, mais-além da "construção", põe também em jogo uma "potência de questionar" na e pela palavra. Devemos citar mais uma vez Jean Beaufret, a respeito da relação da palavra com a verdade: "Pois a palavra pela qual a verdade faz irrupção entre os homens nunca é a prolixidade da explicação que decompõe o dom do sentido, submetendo-o à mecânica da prova. (...) A expressão de Braque 'As provas cansam a verdade' pode aqui nos servir de guia. Elas a cansam no sentido em que a administração extenua, pouco a pouco, ao explorá-la, uma fundação anterior. Toda prova nunca é mais do que a construção de uma resposta, e toda resposta é administrativa." Jean Beaufret evoca então a potência de questionar, que "longe de enfraquecer-se como espera de uma resposta com que se conta, ao contrário se supera a si própria até o encontro do insuperável, contra o qual vem ricochetear toda espera de resposta, não certamente para travesti-lo oportunamente como 'evidência', mas para manter aberta nele a chaga da questão, pela suspensão de toda resposta possível..."[85]

O trabalho do tempo na análise implica essa abertura da "chaga da questão" por uma suspensão parcial das respostas. Se ela não é imediatamente saturada por uma resposta, a questão abre um tempo de recomposição que se entende como um tempo de transformação. O silêncio da resposta sustenta o tempo de elaboração e de transformação da questão aberta na fala. Assim se desenrolam tempos de transformação em lugar e espaço de uma imagem selada na resposta. É por isso que quase se poderia dizer que a questão é o por-vir da resposta.

A questão sobre a origem não poderia enfraquecer-se em uma resposta referente ao começo. Como veremos, a recomposição dos tempos implicados pela relação com a origem permite analisar o que a construção do começo em um tempo linear perde necessariamente.

Os efeitos não cessam de recompor suas próprias causas

No próprio tempo da experiência analítica — tempo instaurador mais do que instaurado — vemos que os acontecimentos psíquicos continuam a produzir sua própria origem e escrevem a história no futuro anterior, segundo a expressão de Lacan, sob a forma de um "isto terá sido". Eles são aliás tanto reversivos quanto antecipadores. Essa concepção do tempo atravessa, de fato, a teoria freudiana, notadamente a dos estádios de evolução da libido: cada nova organização libidinal recompondo tanto o que a precede quanto o que a segue, a angústia de castração vindo, por exemplo, reinterpretar os tempos em que ela não aparecia como tal.[86]

É mais precisamente um trecho do ensaio *O eu e o isso* que permitirá esclarecer a relação dos acontecimentos psíquicos com a função da origem. Nota-se, de fato, que os acontecimentos psíquicos convergem para a sua própria origem, ou que eles vão para o ponto de onde eles se constituem. Assim, segundo Freud, as primeiras escolhas de objeto "convergirão" para uma primeira identificação, a identificação com o pai da pré-história pessoal (que seria talvez mais prudente situar como "identificação com os pais", acrescenta Freud), imediata e mais precoce do que qualquer investimento de objeto. As escolhas de objeto parecem "encontrar a sua saída em uma tal identificação, vindo assim reforçar a identificação primária".[87] Essa primeira identificação nos leva, segundo Freud, ao nascimento do Ideal do eu. Ora, a identificação primária ou o nascimento do Ideal do eu não são em nada acontecimentos datáveis; entretanto eles não deixam de ser produzidos por um tempo reversivo através da série das repetições que orientam as escolhas de objeto. Esse nascimento e essa identificação continuam sendo, evidentemente, suposições metapsicológicas. E a identificação só é primária, de alguma forma, na medida em que escolhas de objeto não deixam de orientar-se secundariamente para ela e reforçá-la. Assim, as escolhas de objeto produzem ainda o seu próprio antecedente ao repeti-lo; elas vão ao encontro daquilo que, virtualmente, as causa e as orienta, como que para reforçar essa causa e essa orientação.

A esse respeito, a identificação representa mais um acontecimento temporal do que uma operação no espaço, pela qual se começaria a "parecer-se com" ou a "tornar-se como" um elemento já constituído e localizável. O sujeito não dispõe, em si mesmo, de um "modelo" primitivo a partir do qual ele redige a "cópia" da sua vida, mas formará laços que virão reforçar a origem. Assim, é pelo jogo conjugado da antecedência e da reversão que se desenrolam esses processos psíquicos.

Depois dessas considerações sobre a identificação primária, e considerando desta vez a entrada no jogo do complexo de Édipo, Freud acrescenta que a identificação com o pai assume então uma tonalidade hostil: "A partir daí, a relação com o pai é ambivalente; dir-se-ia que a ambivalência inerente desde a origem à identificação tornou-se manifesta."[88] Assim, ela se torna enfim o que ela era! Mais uma vez, o que acontece agora pela primeira vez, só acontece pela via de uma volta, indo ao encontro da origem.[89] A oposição maior, na psicanálise, entre o "latente" e o "manifesto" poderia assim sair de uma referência espacial que reveste o preconceito psicológico com um depósito latente e imóvel que esperaria para manifestar-se.

Sempre na seqüência desse texto, a respeito, desta vez, da formação do supereu herdeiro do complexo de Édipo, Freud enuncia que, ao erigir doravante em si mesmo obstáculos e interdições, o supereu dá assim à influência dos pais uma expressão persistente e "pereniza a existência dos fatores aos quais [ele] deve a sua origem".[90] É realmente uma formação substitutiva que, pela via da introjeção, se torna a fonte da incitação e da alienação. De certo modo, essa formação substitutiva *não cessará de produzir o seu próprio original* (e de um modo caricatural, pois o supereu dita uma lei insensata, bem mais feroz do que a interdição proferida do exterior). Na perspectiva freudiana, a concepção de um supereu supostamente precoce e de um supereu supostamente tardio se entende, aliás, por referência a essa curiosa lógica, pois, enquanto instância anacrônica, o supereu é forçosamente os dois ao mesmo tempo.[91]

O que importa aqui é que, nessa lógica dos processos psíquicos, opera-se finalmente uma inversão da relação causal clássica, pois vemos que os efeitos continuam a compor suas próprias causas. E é realmente essa lógica que será o motor de um tempo reversivo[92] no tratamento analítico.

Compor a origem em um tempo reversivo

A fim de situar essa inversão da relação causal, assim como o motor de um tempo reversivo no tratamento, evocarei mais uma vez uma declaração fundamental de Freud, extraída do seu artigo "A análise com fim e sem fim". Ele enuncia que os mecanismos de defesa inconscientes nunca são rescindidos depois de tirarem o eu de embaraços ao longo dos duros anos do seu desenvolvimento: "O eu reforçado do adulto continua a se defender contra perigos que não existem mais na realidade; ele é até levado a procurar essas situações da realidade que podem mais ou menos substituir o perigo de origem, a fim de poder justificar com o seu contato o seu apego aos modos de reação habituais."[93]

Esses poucos "trechos escolhidos", entre as numerosas observações de Freud quanto à temporalidade dos processos psíquicos, já permitem esclarecer a função da origem no tratamento analítico. De fato, a análise faz convergir as relações com os objetos para a sua própria origem de uma maneira nova: a transferência é o lugar de uma recomposição atual. Ora, uma coisa é recompor a origem, outra coisa seria visitá-la para deslocá-la. Entretanto, uma não existe sem a outra na experiência analítica, no ponto em que se realizam travessias de planos de identificação.

A análise implica concretamente a abertura de um tempo *do qual* o que precede *terá sido*, mais precisamente: *do qual* o sexual-infantil-inconsciente *terá sido*. É o tempo de efetuação aberto pela transferência, que dá *lugar* ao futuro anterior. Ora, recompor a origem seria mesmo um dos primeiros movimentos da transferência, a partir do momento em que aí se atualizam os modos segundo os quais o sujeito constitui a sua relação com os objetos.[94] Os modos de relações com os objetos se reatualizam, indo ao encontro de identificações primordiais, convergindo para elas em um tempo reversivo. Além do mais, assim como na lógica dos mecanismos de defesa inconscientes, o analisando, sem saber, vem procurar um interlocutor atual, cuja presença poderá "justificar" o seu apego às figuras que o alienam, mas às quais ele ainda não pode renunciar. E o analista, apresentando um quase-não-lugar do lado do seu eu, será logicamente exposto como um lugar-tenente da origem e como uma figura plural dos perigos da origem.

Os acontecimentos psíquicos vêm assim recompor a sua própria origem na transferência, pois os efeitos procuram aí as suas próprias causas e tentam dar-lhes vida. Essa recomposição operada pelos processos psíquicos acarreta passageiramente a identificação do analista com os "perigos da origem". O analista pode tornar-se esse "agora", entretanto já ali desde sempre, esse Outro de sempre, que vem, de certa forma, "justificar" os sofrimentos ou os sintomas anacrônicos do analisando. A presença do analista na transferência faz assim convergir os processos psíquicos para a sua própria origem suposta.

Finalmente, o analista é um lugar anacrônico: ao mesmo tempo figura da origem e objeto investido no presente. O analisando se entende e se vê a partir do ponto de vista suposto do analista presente, enquanto que esse analista é constituído como portador de traços de origem. Esses traços de origem são traços inconscientes de identificação de onde o sujeito se olha, e que formam uma constelação de elementos selados na fantasia. O analista é realmente um lugar anacrônico, pois é um lugar de encontro de diferentes tempos: a súbita superposição da sua palavra presente e dos traços de origem que lhe são inconscientemente atribuídos pode então realizar um tempo identificante. Quando o analisando atualiza um modo de relação inconsciente com o objeto através do analista, tomado como objeto, e reforça assim um traço de origem, a palavra do analista pode dar presença a esse traço virtual. Quando um traço da origem se encontra assim recomposto na transferência e o analista intervém no ápice do processo nomeando-o, então esse traço de origem pode ser deslocado ao mesmo tempo que a presença do ponto de vista. Nomeando um traço de origem, o analista permite deslocar o ponto de onde o analisando se olha sem saber, na medida em que ele citou o que era impossível de dizer ou o que não tinha lugar: ao mesmo tempo, essa origem perde a sua função de origem. Ela perde, com efeito, a sua função, quando entra assim no tempo pela via da transferência no tratamento. A partir do momento em que o sujeito pode doravante contar um traço de origem na sua história, esse traço tem acesso a uma presença sobre um fundo de ausência. O sujeito pode reconhecer que ele se olha parcialmente *a partir* desse traço, ou que as suas relações com os objetos vão ao encontro desse traço, para reforçá-lo. Ele pode contar esse traço entre outros. É como se a função do zero na seqüência dos números se encontrasse, de alguma forma, momentaneamente abolida;. como se, de zero, ele se tornasse um "um" e defasasse toda a cadeia dos números seguintes. Assim, a história se reconta, se recompõe e se desloca, supondo ainda um zero e um impossível de dizer. E assim por diante, ao sabor dos processos psíquicos que vêm, na transferência, tentar recompor a sua própria origem...

Compor e nomear a origem equivale a destituí-la afirmando-a, contando-a, fazendo existir o que apenas insistia e atraía. Não se elimina com isso o não-lugar da origem, que continua sendo a ancoragem de toda a história, assim como o zero representa a condição do encadeamento dos números. Ele se reforma de outro modo...

O não-lugar da origem seria uma das manifestações do tempo que não passa, ou seja: um dos aspectos do inconsciente apreendido de um modo temporal (e não espacial, como uma localidade de um aparelho psíquico). No trabalho da transferência, a composição das origens dá lugar ao encontro entre um tempo que passa e um tempo que não passa, precisamente quando se percutem, pela presença do analista, traços imemoriais da origem e o presente da nomeação. Esse trabalho de recomposição das origens em um tempo reversivo realiza travessias de planos de identificação. Quando modos de relação com os objetos vão ao encontro de traços de identificação imemoriais como que para reforçá-los, e quando o analista figura simultaneamente o objeto e o suporte de um traço, esse tempo de transferência manifesta o traço de origem em uma presença que o abole como tal ao revelá-lo. Uma travessia de um plano de identificação se realiza assim em um tempo de transferência, de tal modo que um traço de identificação inconsciente entra em um tempo que passa ou um significante entra na história do sujeito.

O entrelaçamento dos tempos no romance familiar

Ainda não nos surpreendemos bastante com as asserções freudianas relativas ao "romance familiar": por que toda criança é levada a reescrever a sua história sob a forma de um relato secreto, que lhe permite voltar de uma maneira nova à origem? A elaboração do romance modelaria um *lugar* onde as figuras da origem possam ser encontradas e proporcionar uma ancoragem à história?

A elaboração do romance familiar não é, evidentemente, um simples exercício literário: veremos que ela constitui, antes, a trama de um *tornar-se semelhante e estranho*, correlativo a um *tornar-se sexuado*. Desse ponto de vista, não é surpreendente que ela possa às vezes encontrar uma função essencial no tratamento analítico, quando o próprio movimento do devir parece problemático, ou mais precisamente quando a relação com o semelhante permanece congelada em uma colagem e em uma atualidade crua, enquanto a própria dimensão da história não parece mais em movimento. Foi realmente por ocasião de dificuldades encontradas com pacientes precipitados em formas de destruição do tempo que a elaboração de um romance familiar no tratamento me pareceu, *a posteriori*, como um móbil clínico importante, precisamente quando essa construção da neurose infantil parece ter fracassado.

A multiplicação dos pais e a metáfora do estranho

A demonstração de Freud relativa ao romance familiar poderia entender-se como um processo fundamental de *entrelaçamento dos tempos* no quadro da fantasia, e como um momento de atualização de um distanciamento essencial entre o semelhante e o estranho. O romance familiar representaria então um acontecimento constitutivo da relação temporal do sujeito com o Outro, que não poderia, por isso, assimilar-se a uma aquisição psicológica, pois o trabalho do *tornar-se semelhante e estranho* se aparenta, de fato, a um processo dinâmico e interminável: nunca acabaremos de tornar-nos semelhantes e estranhos. Tentarei, entretanto, mostrar aqui a maneira pela qual o trabalho do romance familiar, tal como é apresentado por Freud, realiza o que se poderia chamar uma *metáfora do estranho.*

No seu artigo de 1909 sobre o "romance familiar dos neuróticos", Freud evoca o "tornar-se grande" e o "tornar-se estranho", através do desprendimento da criança, pondo em jogo a oposição entre as gerações. Ele menciona primeiramente o trabalho do "tornar-se semelhante": mais precisamente, trata-se aqui de tornar-se semelhante ao progenitor do mesmo sexo. Ora, um sentimento de insatisfação e a certeza de ter sido "excluída" dão à criança a ocasião de criticar os seus pais, utilizando a referência a pais preferíveis.[95] Ao longo dos seus devaneios, a criança imagina que provavelmente ela foi adotada, e desse modo encontra um meio de livrar-se dos seus pais, doravante desdenhados e julgados, a fim de substituí-los por outros e ocupar ela própria, transitoriamente, o lugar do estranho. "O sujeito começa a tornar-se estranho", diz Freud, logo que "a atividade fantasística toma como tarefa livrar-se dos pais e substituí-los por outros".[96] Essa entrada no espaço do romance mostra-se então como correlativa a uma operação de substituição: primeiro tempo de uma *metáfora do estranho.*

Depois, por ocasião do estádio sexual do romance familiar, a criança toma conhecimento da diferença dos sexos e deduz que o pai é incerto, ao passo que a mãe é "certíssima". Então, a referência a um pai ideal pode se fundar sobre a realidade sexual: seu verdadeiro pai, cuja existência lhe teria sido escondida, é sem dúvida "uma pessoa muito importante". Quanto à sua mãe, objeto da curiosidade sexual, a criança inventa para ela ligações amorosas ocultas, e põe em dúvida, nesse momento, a legitimidade de seus irmãos e irmãs.

Conclui-se do artigo de Freud que essas ficções aparentemente tão hostis mostram, de fato, um processo estruturante que não só faz da *inteiramente mãe* uma mulher desejante, mas também redistribui as diferentes figuras da paternidade, no momento em que a criança deve tentar assumir a sua identidade sexual. O "romance familiar dos neuróticos" atualiza então um afastamento e uma distância a percorrer entre um pai real e um pai ideal... mas não é só isso. Lembro aqui as precisões que Freud apresenta: "Todo esforço", diz ele, "para substituir o pai real por um pai mais importante apenas expressa, na criança, a nostalgia do tempo feliz e acabado, quando o seu pai lhe parecia o homem mais importante, mais forte, (...) ela se afasta do pai tal como ela o conhece agora, para voltar-se para aquele no qual ela acreditou, nos primeiros anos da sua infância, e essa fantasia é, na verdade, apenas a expressão da mágoa de ver que esse tempo feliz desapareceu."[97] O afastamento e a substituição geram então a nostalgia daquilo que não era, ou a fabricação de um pré-tempo mítico. Pela construção de um "outrora, naquele tempo, era uma vez um pai...", o deus da infância ou a abóbada estrelada do universo infantil se encontram assim novamente restaurados. Se o romance familiar solicita a perda suposta e a nostalgia de um primeiro tempo feliz, é na medida em que a substituição do pai real por um pai ideal permite, de alguma forma, fazer existir uma perda primeira, marcando o tempo da origem: essa substituição suscita uma recomposição da origem que não é começo.

Nesse artigo, Freud parece fornecer uma fórmula dos tempos em jogo no romance familiar, em que se trataria de substituir o pai da realidade por um pai ideal, a fim de fazer existir um pai mítico (esse tripé paterno é certamente necessário para fundamentar o arbitrário, ou para aceitar esse pai impessoal e acéfalo que a lei sem razão representa, em última análise). Esse processo articula, distinguindo-os, um real atual, um possível ideal e um pré-tempo mítico. O afastamento entre os pais heterogêneos, ou a não-coincidência entre os pais no romance familiar, permitiria que o corpo se elaborasse nos intervalos abertos pela falta do Outro. *A contrario*, apenas a referência a um pai que seria o pai absoluto, coincidindo consigo mesmo (ao mesmo tempo o "papai" da realidade, o ideal, o "julgamento de Deus"...), esmagaria imediatamente o trabalho de separação e de elaboração fantasística do corpo. Foi esse, sem dúvida, um dos aspectos do percurso do presidente Schreber.

Freud precisa bem que o que está em jogo na elaboração do romance familiar não é mais do que um trabalho de desprendimento e de oposição das gerações. Ora, ocorre mais precisamente que a dúvida sobre o pai gera a multiplicação dos pais e o afastamento entre os diferentes pais. Graças a esse afastamento, traça-se uma separação e manifesta-se em negativo o lugar do sujeito: de certo modo, o sujeito é aqui o efeito do relacionamento dos diferentes pais. Se esse pai "não funciona", se esse pai não é *o* pai, o espaço da falta do Outro se encontra então presentificado, indicando um lugar vazio onde se apegará o desejo próprio do sujeito.

Separar-se, paramentar-se, gerar-se

O romance familiar figura, de certa forma, uma versão romanesca do cogito cartesiano: "duvido, logo sou... autor ou romancista da minha história", "duvido, logo separo-me". A propósito de uma outra versão da dúvida, Lacan evoca, no *Seminário XI*, um tempo lógico de separação, quando a criança apreende o enigma do desejo do Outro através dos intervalos que cortam os significantes. A criança acaba questionando-se: "Ele me diz isso, mas o que é que ele quer?" Assim se efetua um processo de separação. E a análise etimológica do termo "separação" indica, como lembrava Lacan, um equívoco interessante.[98] De fato, o latim "separare" se compõe com "se parare", isto é, paramentar-se, vestir-se e defender-se, mas o termo também conota o latim "se parere", isto é, gerar-se, fazer-se nascer, produzir-se.[99] Nesse contexto, trata-se de gerar-se como sujeito graças ao encontro de uma falta no Outro que causa o desenrolar das questões fundamentais: "O que quer o Outro? O que sou para o Outro?"

No âmbito preciso do romance familiar, pode-se pensar que o sujeito gera-se duplamente: surge como efeito de uma dúvida ou de uma questão sobre o pai e, no mesmo movimento, entrega-se ao mundo, entra de novo no mundo de uma maneira singular, graças ao romance que reescreve a origem. Assim, o sujeito se separa, enquanto se paramenta simultaneamente com o tecido fantasístico do romance, vestindo-se com o traje do romance que recompõe a origem. Essa origem nunca é diretamente acessível, enquanto a sua elaboração posterior — em uma dimensão mítica — resulta constitutiva do lugar do sujeito na história. A origem, esse conjunto de traços orientados por uma ficção, só existe do ponto de vista da posição do sujeito, e essa origem inapreensível que supera todo começo se torna então um ancoramento possível da história. Paralelamente, o romance familiar representa uma nova maneira de vestir a relação sexual que causou o nascimento do futuro sujeito. É uma nova versão de uma relação sexual impossível de dizer, nova versão graças à qual simboliza-se parcialmente a relação com a origem.

Esse trabalho do romance realizaria assim uma metáfora do estranho, pela qual torna-se (ainda) possível ter um corpo semelhante e estranho: uma vez instituída como narrador, a criança não poderia mais coincidir consigo mesma, do mesmo modo que os pais não coincidem mais entre si. Esse momento de abertura do romance seria comparável ao tempo em que Ulisses se torna Homero, e em que se reformula a questão do destino mais-além da perspectiva do vivido. Entretanto, segundo Maurice Blanchot, "Homero só pode narrar na medida em que, sob o nome de Ulisses, um Ulisses livre de entraves embora fixado, vai para o lugar de onde o poder de falar e de narrar parece ser-lhe prometido, com a condição de que ele desapareça ali..."[100] Essa seria a condição do narrador refletido ao infinito no seu próprio romance: para sempre separado de si mesmo pelas imagens e pelos significantes que o fazem desaparecer, em benefício daquilo que o representa.

A abertura do romance determina assim uma multiplicação dos pais, e uma distância a percorrer entre os tempos que eles implicam: o real atual, o possível ideal e o pré-tempo mítico. Esses afastamentos, a serem incessantemente percorridos, serão os lugares da navegação de um sujeito. Nos intervalos abertos por esses afastamentos, terão lugar as peripécias do seu romance: sintomas, atos ou criações que figuram episódios da sua Odisséia, e que representam diferentes maneiras de reinventar o pai, ou de relançar nos tempos a fábrica incessante dos pais, a saber, as formações que entrelaçam o gozo com a sua própria interdição.

A abertura de um romance familiar no tratamento

Com esses elementos, é possível agora situar a articulação do romance e dos tempos no tratamento analítico, essa outra navegação "com fim e sem fim". Escolhi decompor brevemente esse processo do romance familiar do ponto de vista da temporalidade, pois sua referência me parece extremamente esclarecedora quanto às diferentes seqüências lógicas que podem suceder-se no trabalho do tratamento analítico. De fato, o entrelaçamento dos tempos pela metáfora do estranho parece constituir às vezes um aspecto essencial do trabalho analítico, não só com crianças e adolescentes, mas também com certos pacientes adultos. De qualquer forma, são tratamentos nos quais somos confrontados com formas de destruição do tempo que nos levam a repensar melhor a questão do tempo no tratamento. Mais precisamente, a experiência analítica pode, em parte, encarar-se como um momento de abertura ou de reabertura do romance familiar e de reflexão ao infinito da função do narrador pela multiplicação dos pais. Como Freud e Lacan indicaram, cada um a seu modo, é preciso realmente tirar as conseqüências do fato de que a verdade sempre sai da boca de uma ficção... Mas ainda é preciso que a ficção seja composta, como no tempo do romance em que, segundo Blanchot, o eu se encontra "separado de si mesmo por uma seqüência vacilante e fugitiva de 'Eu' [se], que pouco a pouco o despojaram de si".[101]

Lembro-me particularmente do trajeto de um analisando que me levou justamente a pensar juntos o tempo e o romance na análise, no momento em que a própria elaboração de um romance familiar parecia ter fracassado. Sobre esse analisando, direi só-depois que os tempos da sua história pareciam desatados, na medida em que lhe restava, aparentemente, apenas um único pai. De fato, o seu mundo ameaçava regularmente desmoronar, quando suas próprias origens eram evocadas, como se a origem, precisamente, não tivesse sido recomposta. Poderosos zumbidos invadiam então os seus ouvidos e uma única imagem, sempre idêntica, se apresentava a ele: a imagem do general de Gaulle sobre uma tela de televisão. O paciente temia então que essa imagem voasse em estilhaços, pois por trás daquela imagem, dizia ele, "não haveria mais nada". Quando ele evocava essa imagem na sessão, era impossível saber se se tratava de um sonho, de uma lembrança ou de uma alucinação, e nenhuma associação aparecia em torno desse acontecimento. Da sua família argelina, ele não podia dizer praticamente nada, e em um primeiro tempo, era difícil representar-se quem ele era e de onde vinha, a não ser que estava saindo da prisão, para onde o tinha levado a delinqüência associada a um período de toxicomania. Sua fala parecia congelada em uma atualidade crua; ele estava na confusão de uma fala "já pronta", impessoal, não-particular, e ele, manifestamente, nem exatamente homem nem exatamente mulher. Muitas vezes, falava usando fórmulas incisivas, como por exemplo "minha sexualidade não é para qualquer um..."

E no entanto, "era para qualquer um", pois nesse espaço sem espessura, ele estava, de certo modo, ameaçado — ouso dizer — por uma perpétua cópula. Relações sexuais o espreitavam em todas as ocasiões, e ele questionava: será que é preciso mesmo deixar-se sodomizar? Não deveria gozar com um cão ou violar essa menina? Tudo parecia igualmente aberto e imperativo, a partir do próprio modelo dos seus sonhos que eram, segundo a sua expressão, "sonhos desvelados": sonhos cuja imagem fixa se reduzia às vezes a uma imensa vagina, ou a uma cena de incesto com a mãe. Tudo parecia possível, como na época da sua adolescência, quando observara a maturação do pênis vigiando simultaneamente o desenvolvimento do seu peito. Aliás, dizia também que quando era criança, junto do pai, tornava-se semelhante a ele, ao passo que paralelamente, estando junto da mãe, também se tornava o que ela era e o que ela queria. E, ao mesmo tempo, entendi que pai e mãe se assimilavam, no seu discurso, a duas linhas paralelas que não pareciam poder cruzar-se.

No início do tratamento, um acontecimento que rompera a sua infância se apresentava como um "começo" da sua história, de cujos vestígios ele partiu à procura nos arquivos de um jornal: tratava-se da explosão e do incêndio do apartamento onde ele vivera com a família no subúrbio de Paris. O seu próprio pai, particularmente alcoolizado naquele dia, teria usado o gás para explodir voluntariamente o apartamento. A mãe, gravemente queimada e desfigurada, teria ficado hospitalizada durante muito tempo, de modo que, ao voltar, o paciente pensou que ela não era mais a mesma. Quanto a ele, foi colocado, com seus irmãos e irmãs em uma instituição, enquanto o pai ficou na prisão durante alguns meses.

Pouco a pouco, desenrolou-se então no tratamento um relato dominado pela imagem maciça de um pai absoluto, de um monstro violento e ditador, que aterrorizava toda a família e que, um dia, teria obrigado o futuro paciente a comer os seus excrementos. Antes de empreender um trabalho analítico e como que para salvaguardar o seu lugar, o paciente rompera todas as relações com os pais e se fizera passar por morto. Daí, continuou o seu relato confuso, sua tentativa de reescrita da história pela reconstituição do passado.

Durante o tratamento, começou então a tomar lugar, a tomar corpo e consistência, sob o impulso secreto de um romance, mais ou menos isto: "Não sou filho dos meus pais, fui encontrado em uma lata de lixo, pertenço a uma família ilustre e vou provar tudo." Fazendo isso, ele realiza certos atos e toma lugar socialmente, não sem dificuldade, pois se apega a uma posição de vítima, à qual "as pessoas" devem amor e reparação imediata, tudo isso levando-o a prejudicar a análise com desafios e demandas repetidos.

Depois de vários anos de tratamento, no momento em que devia redigir uma "monografia" que lhe daria enfim acesso a um diploma, relata na sessão um sonho que o perturba: "Estou no seu bairro, fazendo as minhas necessidades em pé na rua; você passa por ali e me dá umas folhas de papel higiênico...". Esse "fazer", esse "fazer sozinho" ressoará através das associações como um ato inaugural, que desencadeia entretanto uma tristeza profunda, pois, a partir do momento em que reconhece o que fez, ele se decepciona: então, era só isso.

A posteriori, revela-se que a muleta do seu "romance" se tornara, de alguma forma, menos essencial, pois doravante a sua própria imagem se organizava parcialmente em torno de uma perda: o sonho tinha, de certo modo, atualizado uma perda. Estranhamente, ele não expulsara aquilo com o qual estava identificado há vários anos: um excremento que tomava a figura de um "dejeto da sociedade"? Também *a posteriori*, parecia que ele teria sido, pelo jogo das suas "teorias sexuais infantis", identificado com um excremento-pedaço do corpo da mãe, e que a imagem congelada do ato insensato do pai, fazendo-o engolir suas fezes, reduzia toda distância, fazendo-o coincidir brutalmente consigo mesmo e realizando uma "devolução ao remetente", uma exclusão interna.

Na época desse sonho, ele deixou enfim de fazer-se passar por morto para a família, e os zumbidos nos ouvidos cessaram, assim como o pânico ligado à imagem do general de Gaulle. Decidiu-se então a encontrar os verdadeiros pais "banais" da realidade "sem graça". E desta vez, confrontou-se com esta sem se sentir aspirado ou afogado em passagens ao ato perigosas. Encontra-se com o pai e o reconhece como um homem desorientado e envelhecido como outros, apenas um pai. Enfim, pode tentar atar relações com uma mulher, e se questiona, não sem dificuldade, sobre a sua identidade de homem. Isso não significava, entretanto, que a análise estava terminada, pois teria sido, antes, um possível começo, ou uma primeira navegação que recompusera os laços do sujeito com o objeto nos tempos.

Esse relato, forçosamente condensado, de um romance no tratamento, resulta provavelmente do encontro entre esse tratamento e o artigo de Freud sobre o romance familiar, interpretado como um momento lógico de entrelaçamento dos tempos pela metáfora do estranho. Direi também que esse relato representa certamente um vestígio ou um produto de uma formação própria ao tratamento, isto é, uma construção que mostra um encontro entre "teorias sexuais infantis" do analisando e "teorias psicanalíticas" reatualizadas para o analista. Essa é talvez uma das condições da abertura do tempo de um romance no tratamento.

As metamorfoses do romance no tratamento se realizam também na medida em que o analista sustenta, por uma ação que fica essencialmente velada para ele, o percurso desse romance das origens. A esse respeito, as "teorias sexuais infantis" e as "teorias psicanalíticas" ressoam juntas, como se fosse essencial que duas "crianças" estivessem ali, teorizando cada uma para si, a fim de que se atualize e se destrua um romance no tratamento: um romance que tenha o poder de multiplicar as figuras do pai e que dê um tempo aos objetos. Todavia, esse trabalho do romance no tratamento nunca terá o mesmo estatuto que "o romance familiar dos neuróticos", mesmo que só se torne inteligível em referência à estrutura deste último.

A atualização e a dissolução de um romance no tratamento realiza um tempo identificante quando, sobre suas cinzas, erige-se a potência do mito. O romancista pode então fazer-se "poeta épico": aquele que se destaca de uma "formação de multidão",[102] no caso "a multidão familiar", para tentar fundar um mito ou para instaurar-se como pai do seu próprio mito: "A privação, cheia de desejos nostálgicos, pode ter incitado um indivíduo a se destacar da multidão e a atribuir-se o papel do pai. Aquele que fez isso foi o primeiro poeta épico, o progresso se realiza na sua imaginação. O poeta, com suas mentiras, transformou a realidade no sentido dos seus desejos. Inventou o mito heróico. Foi Herói aquele que, sozinho, abateu o pai que, no mito, ainda aparecia como monstro totêmico. Assim como o pai foi o primeiro ideal do menino, assim também o poeta criava então, com o herói que quer substituir o pai, o primeiro ideal do eu. (...) O poeta, que já dera esse passo, e assim, na sua imaginação, se destacara da multidão, sabe entretanto na realidade (...) encontrar o caminho da volta para ela. Pois ele se adianta e conta à multidão os feitos do seu herói, frutos da sua invenção. Esse herói não é, no fundo, ninguém menos do que ele próprio."[103]

A parada na imagem como "sentença de morte"

Parece essencial abordar de maneira dinâmica na clínica os acidentes de desenlaces temporais, assim como a perspectiva de entrelaçamentos temporais em via de constituição. Mas isso só é possível quando "a clínica se produz, na psicanálise, a partir de um sujeito dado e de um analista dado, isto é", segundo a fórmula de François Perrier, "no momento em que ela não pode se reduzir aos modelos estáveis de uma nosografia":[104] "A diacronia da interlocução, fundada como tal, põe em devir problemático o que se ligava como estabilidade de uma economia neurótica ou psicótica. Isso significa que só as virtudes do diálogo analítico dão, para serem derretidas ao sol, toda cartografia semiológica ou toda estrutura? Os atlas celestes para zodíacos psiquiátricos não têm mais estrela fixa, em relação ao sol freudiano? Evidentemente, não..."[105]

O trabalho do romance no tratamento não seria, de fato, simples literatura; ele bem poderia representar o andaime temporal de um tornar-se semelhante e estranho, que se entende como um tornar-se sexuado: um tornar-se homem ou um tornar-se mulher, que, como tal, se opõe ao movimento de um *puro tornar-se*.[106] A elaboração do romance, ligando o atual ao possível ideal e ao pré-tempo mítico, poderia então sustentar a geração de objetos pulsionais, pelo trabalho dos afastamentos e das diferenças. Essa atuação do romance no tratamento, que inclui o percurso do analista, teria entretanto um valor acentuado com certos analisandos, cujo mundo, para retomar as palavras de Blanchot, "ameaça incessantemente afundar-se nesse espaço sem mundo, para o qual o atrai o fascínio de uma única imagem". A parada na imagem, que pode às vezes ressoar como uma "sentença de morte", congela um tempo em que os monstros infantis espreitam um sujeito excluído. Certas configurações traumáticas têm o poder de destruir o tempo nas imagens, de jogar um sujeito para fora do tempo, e de criar imagens imóveis que o olham. Em termos mais freudianos, ocorre, com efeito, que acontecimentos traumáticos fiquem em errância no espanto, congelando o tempo do desejo e das metamorfoses.[107] A própria dimensão da história parece então posta em xeque pela cristalização de imagens destacadas, colocadas em um discurso que não comporta subjetivação. A subjetivação está realmente "ligada à transformação de um dado espacial em tempo",[108] mas essa transformação permanece às vezes em si mesma inacessível, e certas paradas na imagem podem só vacilar durante as peripécias de um romance.

Assim, partindo do acontecimento, o romance é então a abordagem do acontecimento que logo apenas começará a ter lugar. Em outras palavras, o laço tecido entre o analista e o analisando se torna o tempo psíquico em que o que foi encontrado apenas começa a ter lugar (psíquico). Depois de Freud, é ainda Blanchot que se expressa melhor: o romance é "a abertura desse movimento infinito que é o próprio encontro, que está sempre afastado do lugar e do momento em que ele se afirma, pois ele é esse afastamento, essa distância imaginária, onde a ausência se realiza, e no termo do qual o acontecimento começa apenas a ter lugar, ponto onde se realiza a verdade própria do encontro, de onde, de qualquer forma, desejaria nascer a palavra que o pronuncia".[109]

De encontros diferidos em encontros falhados, cumpre-se o trajeto de um romance que realiza a ausência, e depois a sua própria dissolução. De modo completamente diferente, um dos tempos de fim de análise, que não corresponde exatamente ao fim das sessões, evoca igualmente esse estranho momento de dissolução de um romance, que eu poderia ilustrar assim: bruscamente, o analista desperta, como quem, jogado de repente por uma onda violenta na praia deserta, vê afastar-se no mar um barco... e se lembra subitamente de que navegava há vários anos nessa embarcação. Também ali, o outro, bruscamente — "pouco a pouco, embora imediatamente" — tornou-se um semelhante-estranho. Entretanto, ainda é preciso esperar nessa praia deserta que o analisando reconheça o que teve lugar.

O instante catastrófico

"Fujo de mim todos os dias e evito-me", dizia Montaigne. Poderia dizê-lo, pois sua existência não era "ser", mas "fluxo, nuance e variação perpétuos",[110] já que era afligido por uma incrível falta de memória. Nos *Ensaios*, Montaigne até renunciará a descrever o que é e o que ele é: "Não pinto o ser, pinto a passagem", diz ele. Pintar a passagem, isto é, o próprio movimento pelo qual o ser se evita: pintar o instante que é a passagem do instante para o instante. Ora, se tudo se torna movimento, o próprio eu é cada vez um outro, é uma descontinuidade de eus sucessivos; assim aparece uma "infinita diversidade de rostos" que se tornam sucessivamente o eu.[111]

Segundo Lacan, Montaigne é verdadeiramente aquele que se centrou "em torno do momento vivo da afânise do sujeito".[112] Montaigne não se atemoriza com o hiato temporal que se forma entre o movimento das coisas e o movimento do pensamento, e além disso anuncia, de certa forma, a divisão irredutível do sujeito: "... no instante anterior: ele estava lá e não está mais, mas também no instante posterior: um pouco mais ele aí estava por ter podido aí estar...".[113] São os *acidentes do instante* que fazem existir esse sujeito evanescente, mais-além dos hábitos e das certezas. Não procurando mais reter uma imagem fixa, mas apenas pintar a passagem do instante para o instante, Montaigne toma conhecimento da descontinuidade e faz do instante uma ocasião.

De outra maneira, o analisando se presta ao *acidente do instante*, quando parece fugir do seu alcance "o anel do sentido sobre o barbante verbal".[114] Nesse instante, surgem a sua perturbação e a sua verdade pontual, quando ele não está inteiramente submetido à "resistência do eu": essa resistência também deve ser entendida como uma inevitável tentativa de restabelecer uma duração homogênea, uma retenção ou uma parada na imagem. Mas no acidente do instante, que o abandona à surpresa do ato falho ou da palavra que escapa, ele saberá que está "onde não pensa e pensa onde não está".[115]

Entretanto, a experiência do *instante como acidente* não é *o instante catastrófico*, no qual as passagens parecem rompidas. Não se pode "pintar a passagem" quando os instantes não são mais do que golpes desferidos contra um eu desarticulado.

"O terror da falha no tempo"

Quando a catástrofe começa, aquele que ela toma ainda ignora o seu princípio e o seu fim. Ele está entregue ao instante catastrófico que não tem limites nem superfícies onde se refletir: o instante passa para si mesmo, se reduplica, e o eu só se mantém na ponta desse instante, sem um espelho que, no mundo, ainda possa refletir e tornar familiar a sua imagem. As roupagens do porvir e do passado escaparam, enquanto o eu saiu do espelho de um mundo familiar. Até a espera desapareceu, e a perspectiva de uma duração parece abolida. Esse corpo precipitado no imediato não pode mais apreender-se em uma duração e todo movimento de retomada que geraria um efeito de subjetivação parece posto em xeque.

O instante catastrófico seria esse modo temporal no qual o eu é reduzido à ponta do instante, passando incessantemente à ponta de um outro instante, que é o mesmo mas diferente: o tempo desnudado, inabitável. O "ponto de vista", que articulava e acomodava as formas reais e as formas imaginárias dos objetos, não está mais no mesmo lugar. Esse ponto, ou essa série de traços simbólicos *de onde* o eu se via, se deslocou sob o golpe de um encontro e se confunde agora com a ponta do instante, sem recuo.

Só o instante comprova que alguém está ali, mas "no fim dessa coisa sem fim que é cada instante, talvez não haja mais nada, mais nada além de um buraco em que se cai. É a angústia mais forte de todas, o "terror", como diz Descartes: o terror da *falha no tempo...*[116] Mas no instante catastrófico, não se trata apenas de um confronto com a deficiência ou com a privação de ser que faz o tempo, pois a cada passagem do instante para o instante — à qual se reduzem então o eu e o tempo — um buraco, onde o eu poderia verdadeiramente desaparecer, parece abrir-se: ali, ele não pode pintar as passagens nem dar-lhes o rosto de um laço entre o sujeito e o objeto. O instante catastrófico é o presente urgente de um *desenlace*, que deve ser entendido aqui como um nó que se desata, um laço que se afrouxa. E o corpo fica em excesso, fica sendo o excesso ou o "demais", a cada instante. É precipitado no excesso que cada instante se torna.

A característica da catástrofe é que ninguém está suficientemente ali para experimentá-la: ela chega *sem mim*.[117] A abertura do instante catastrófico por um encontro malvindo age como um "buraco no tempo", que aspira o passado e o futuro, e desfaz a superfície do eu. Como voltar então do instante catastrófico, que não tem começo nem fim? Um modo de acabar com ele é, evidentemente, passar ao instante do ato e saltar realmente no buraco: esse buraco do tempo que não é mais recoberto pela superfície do eu e que, ao contrário, o aspira para um abismo. O ato de suicídio seria muitas vezes uma tentativa para deter o instante catastrófico e para impedir o desabamento completo do eu. E se o ato de suicídio fracassa, como voltar ainda dali, como voltar ainda daquilo que passou sem ter tido lugar?

Acontece que um sujeito dirija um verdadeiro apelo a um analista nesse momento em que começa a experimentar a catástrofe que se produziu, e quando a angústia de uma desintegração do eu se torna intolerável. Justamente, não é preciso que a catástrofe comece a ter lugar — no próprio momento em que já se produziu — para que esse lugar se feche? Não é preciso que ela se transfira para um lugar que possa delimitá-la, entregar o seu texto e atribuí-la à sua própria origem? E primeiramente: as imagens, a angústia e as palavras que faltaram para prevenir a catástrofe poderão vir pela primeira vez, no anacronismo, preparar o que no entanto já se produziu. Apenas então o eu poderá, de modo diferido, antecipar a catástrofe, antes de poder reconstruir lentamente a trama de uma realidade e sair do instante catastrófico, reencontrando um passado e um futuro. Mas ainda é preciso ouvir e dizer que essa angústia, essas palavras e essas imagens terríveis, quando elas surgem assim atrasadas, não anunciam uma destruição, mas soam a volta do que tinha faltado. Muitas vezes, é apenas quando essa transferência se realiza e quando se repete aquilo que se produzira sem ter lugar, que se manifesta um apelo: o apelo que também faltara antes da catástrofe e que, desta vez, se dirige, suscitando a reunião do mundo imaginário e do sistema simbólico, isto é, recolocando as palavras do sujeito no campo imaginário aberto pela relação com um analista. Essa travessia do instante catastrófico, na repetição daquilo que não tivera lugar, deve assim suturar-se parcialmente no laço transferencial, antes que o sujeito vá ao encontro das "figuras ferozes" que ditaram a destruição. Daí pode abrir-se a perspectiva de um não-saber e de um espanto: o analisando podendo entrever que não tentou destruir-se pelas razões que supunha.

Mas acontece que o instante catastrófico dure meses e que não provoque nenhum apelo, quando é recoberto por certos acidentes somáticos ou por certo uso de tóxicos. De maneiras diferentes, esses dois "estados" têm às vezes a capacidade de reconstituir uma espera e uma estranha duração. Algumas toxicomanias, notadamente, têm freqüentemente o poder de restabelecer uma forma de continuidade. E o pânico que se desencadeia quando se manifesta a falta da droga evoca essa ameaça que ataca a trama do tempo e recoloca o corpo em um instante catastrófico: tudo será tentado, com urgência, para escapar a essa experiência da ruptura e da pura aflição.

Essas primeiras declarações sobre o instante catastrófico levantam muitas questões e diferentes noções devem ser agora precisadas. Qual é o estatuto desse instante catastrófico, em relação ao processo de separação que dá ao sujeito o seu lugar na relação com o Outro? Qual é o tipo de encontro que desperta esse instante catastrófico e que modo de identificação se encontra aqui solicitado? A fim de tornar inteligíveis esses processos, é preciso confrontá-los com a lógica do trauma, que, mais classicamente, explica a formação dos sintomas no *a posteriori*. Assim, duas lógicas deverão ser confrontadas e distinguidas: a do *a posteriori* e a do *a priori*. O instante catastrófico não procede do mesmo tempo lógico que o instante da formação do sintoma. Assim, será necessário diferenciar dois tipos de encontros traumáticos: os que provocam no atual uma formação de sintoma, despertando *a posteriori* o vestígio de um primeiro trauma suposto, e os que, *a priori*, desencadeiam o que chamarei de fechamento por vir do trauma, isto é, que imprimem uma resposta maciça a uma pergunta que ainda não foi feita.

É nessa relação com um trauma fundador da condição do sujeito que se poderão situar os encontros traumáticos *a posteriori* e a catástrofe *a priori*. Essa localização supõe, com efeito, que se conserve o termo geral de "trauma" para designar um tempo lógico de separação, um tempo inerente à constituição da subjetividade, que nenhum acontecimento pode representar. Trata-se da hiância introduzida pelo enigma do desejo do Outro, e pela inexistência de uma resposta total e adequada, com a qual o sujeito pudesse coincidir, para suprir essa falta. Esse trauma não é mais do que a própria condição do desejo e do tempo humano: movimento no qual é levado o sujeito, assim que aparece a falta do significante, que o representaria no Outro de um modo único e fixo.[118] O trauma fundador da condição do sujeito desejante implica assim uma perda da imediatez e da abertura da dimensão do enigma e do não-senso. O véu da fantasia não vem, precisamente, recobrir esse trauma? Com efeito, seria a vocação da fantasia tentar dar uma resposta inconsciente a esse trauma, realizando um desejo inconsciente que supostamente responderia ao desejo do Outro. Mas essa formação pode ficar frágil: o laço que se ata entre o sujeito e o objeto pode vacilar sob os golpes de certos encontros.

A abertura do trauma

No quadro do processo do *a posteriori* organizado pelo recalque, um encontro traumático (que pode aliás aparecer sob a forma de um traço aparentemente irrisório) revela ao sujeito o lugar impossível que ele ocupava antes, sem saber. Um acontecimento real precipitou o encontro do sujeito com um símbolo, em um quadro imaginário que permite, precisamente, que essa revelação tenha lugar.

Esse encontro terá despertado uma primeira *Prägung*, uma primeira marca comparável à "cunhagem de uma moeda",[119] que se situa primeiro em "um inconsciente não recalcado", mas que não está "montada para a verbalização" nem para a significação. Essa "cunhagem" só será reanimada por ocasião de um acontecimento posterior, isto é, depois que o sujeito fizer o seu caminho em um mundo simbólico cada vez mais organizado, e quando suas atividades pulsionais se tiverem elaborado e unido em uma singular composição que orienta o seu laço com o Outro. Assim, o acontecimento posterior vem ao encontro dessa "cunhagem" que *não cessava*, mas que ainda não tinha entrado na história. E é apenas por ocasião desse acontecimento posterior que se produz um recalque, *a posteriori*. Aqui, não há abertura do instante catastrófico, mas a atuação de um tempo reversivo: o acontecimento novo torna traumática uma antiga "cunhagem" suposta.[120] Nesse "paradoxo do trauma", como diz J.-D. Nasio, "a repetição é repetição do que não era".[121]

Podemos referir-nos aqui ao caso, apresentado por Hélène Deutsch,[122] de uma fobia infantil que se deflagrou em um menino de 7 anos. O acontecimento que desencadeou a fobia se apresentou assim: o menino brincava com seu irmão maior no pátio da fazenda onde viviam. Ele brincava agachado, quando bruscamente o irmão saltou sobre ele por trás, imobilizou-o nessa posição e exclamou: "Sou o galo e você é a galinha."

Em um paroxismo de raiva e lágrimas, o menino gritou: "Não quero ser uma galinha!" A partir desse momento, teve uma fobia de galinhas. Hélène Deutsch acrescenta: "Descobriu-se que as galinhas já tinham tido um papel importante nas suas fantasias, muito tempo antes da experiência com o irmão. A mãe tinha o hábito de cuidar do galinheiro e o menino compartilhava prazerosamente esse trabalho, alegrando-se com cada ovo recolhido, e interessava-se particularmente pela maneira com a qual a mãe ficava sabendo se as galinhas botavam normalmente. Ele próprio gostava da maneira com a qual sua mãe o tocava, e lhe perguntava, de brincadeira, quando ela ia lhe dar banho etc., se ela o tocaria com o dedo para ver se ele ia botar um ovo."[123]

O episódio com o irmão se revelou traumático na medida em que revelou ao menino o que ele era antes, sem saber, no seu laço com a mãe: no lugar de galinha mimada pela mãe, destinada ao gozo dessa mãe, e capaz de satisfazê-la com ovos fecais. É no quadro da relação narcísica com o irmão que pode aparecer a sua própria imagem ligada ao seu lugar de objeto para a mãe. A angústia surge então como se ele fosse pela primeira vez confrontado com a questão do desejo dessa mãe, mais-além do poder e da certeza de que ele dispunha antes, para responder ao seu gozo. Nessa desestabilização se situa um tempo lógico de abertura do trauma. Agora, ele não sabe mais como fazer, e a questão da sua inadequação — já que não pode mais ser "a galinha" — o confronta com a castração. Depois de uma tal desestabilização, a fobia lhe permite, entretanto, limitar e canalizar essa angústia, vindo simultaneamente reformular a questão, reeditar a castração e realizar por substituição um retorno a uma satisfação sexual que se tornou incestuosa.

Esse extrato de relato clínico e dos seus comentários permite situar aqui a natureza do encontro que constitui *a posteriori* o acontecimento como traumático: trata-se, nesse caso, do encontro com uma questão simbólica, a do desejo do Outro e a da identidade sexual, encontro que tem lugar no quadro de uma relação narcísica com um semelhante rival, no qual ela toma todo o seu relevo. O símbolo posto em jogo na relação com um semelhante acarreta um momento insuportável de revelação de uma verdade, que o sintoma tenta assumir, ao mesmo tempo em que o sufoca. É pois também a revelação de um lugar e de uma identificação inconsciente que tem um impacto traumático. Uma "solda"[124] se estabelecera, de certa forma, entre um lugar de objeto, uma atividade pulsional e certos significantes, solda fantasística que o encontro traumático faz explodir, quando é refletida pelo espelho que é o semelhante. Quando uma "cunhagem" identificadora encontra em um quadro narcísico o símbolo que lhe faltava para ser revelada, ela explode na cara do eu. A identificação intemporal *se realiza* então quando ela volta como que do exterior: "Você é isto!" Esse encontro (no qual um "você é isto" não se acha necessariamente formulado por um outro, mas será implícito) realiza uma dupla passagem de poder:[125] ao Outro como lugar do inconsciente e ao outro enquanto imagem do semelhante, espelho do eu. Essa dupla alienação torna possível, entretanto, um momento de revelação de uma verdade.

Esse encontro é realmente um momento fecundo, embora doloroso, de abertura do trauma, por um encontro traumático; isto é, a questão vertiginosa do desejo pode surgir por ocasião desse encontro, mesmo que ela se enquiste depois na passagem de poder. A abertura do trauma não pode continuar hiante e um tempo de recalque mais ou menos bem-sucedido se realiza. No caso citado por Hélène Deutsch, pode-se pensar que a questão então aberta por esse encontro teve não apenas o mérito de poder apresentar-se, mas, além disso, ela não se encontrou completamente fechada: o menino colmata parcialmente a angústia com a sua fobia que se esfuma quando o irmão se afasta, depois a fobia desaparece e ele perde então todo interesse pelo sexo feminino. Torna-se depois um homossexual manifesto e, por essa razão, com a idade de 20 anos, vai consultar Hélène Deutsch. Em outras palavras, ele não aferrolhou a sua questão subjetiva em uma "solução" congelada e poderá atravessar a análise trabalhando-a novamente, até sair suficientemente das miragens do narcisismo para inscrever o seu lugar.

Essa configuração clínica não poderia servir de "modelo", mas fornece preciosas referências para entender a lógica de constituição do trauma no *a posteriori*. Mesmo nessa lógica do *a posteriori*, os limbos do passado nem sempre entram sem ruído na história. E a história está necessariamente atrasada em relação a esse passado, em que moedas foram cunhadas, sem no entanto entrar em circulação nas trocas. Como observava Lacan, "o significante é pois dado primitivamente, mas ele não é nada enquanto o sujeito não o faz entrar na sua história...",[126] e às vezes ele entra violentamente, subitamente revelado do exterior por esse espelho que o semelhante representa. Logo ao entrar na história, esse significante se encontra, às vezes, congelado no espelho que o revelou. Logo que se esboça, um traço do desejo se cristaliza às vezes em uma identificação narcísica, que vem selar as forças vivas do trauma. Em um confronto narcísico, o eu se encontra a si mesmo a partir do Outro "sob uma forma invertida". Assim, recebe sempre mais tarde notícias de si mesmo. É enquanto Outro e enquanto Outro do outro que ele é afetado pelo seu próprio passado e recebe do Outro a sua própria mensagem: "Você é isto!"

A verdade quanto ao lugar que o sujeito ocupa não é assim necessariamente diferida? Os encontros por vir darão *lugar* ao que *não cessava*, graças a uma preparação pela angústia. É por isso que *o passado vem do porvir*, na medida em que é apenas um encontro por vir que poderá constituí-lo como passado. As moedas cunhadas e não trocadas subsistem em um tempo que *não passa*, que *não se torna passado*. A cunhagem ou a *Prägung* supostamente primeira não é de modo algum passada, enquanto um encontro posterior não a integrar à história do sujeito. Mais precisamente, essa cunhagem comporta vários aspectos: ela determina uma "efração imaginária"[127], isto é, ela fundou-se em uma imagem que não pôde ser integrada; além disso, a impressão primitiva já destaca um ou vários traços significantes, mas que não têm nada a dizer na história do sujeito, que não lhe dizem nada; enfim, produziu-se ali uma "excitação", que subsiste como um excesso em errância, não integrável a esse corpo. Esses três elementos não se ligam pois imediatamente à história do sujeito, mas ligam-se entre si, constituindo assim uma matriz de identificação fantasística.

A relação de efração

Este é o momento de evocar uma outra dinâmica da relação entre o trauma inerente à constituição da subjetividade, a *Prägung* e os encontros traumáticos. Com efeito, nesse tempo suposto da *Prägung* podem entrar em curto-circuito a realidade e a fantasia, de tal modo que a própria possibilidade de abertura do enigma do desejo do Outro e do desejo do sujeito se arrisca a ser parcialmente comprometida. Antes mesmo que a questão "O que quer o Outro e o que sou para ele?" tenha tido o tempo de elaborar-se, encontros traumáticos podem vir dar resposta e designar para o corpo um lugar impossível: respostas maciças chegam antes da questão.

A dimensão subjetivante do trauma não parece poder organizar totalmente a realidade psíquica, a partir do momento em que encontros traumáticos primitivos fecharam de modo excessivamente violento e sistemático a questão que ainda estava por vir. *A priori* podem traçar-se assim fechamentos potenciais. Mais exatamente, é em uma identificação que se realiza esse potencial fechamento do trauma por encontros traumáticos: o do supereu, que "acaba identificando-se com aquilo que há somente de mais devastador, de mais fascinante, nas experiências primitivas do sujeito. Acaba por identificar-se com aquilo que chamo de figura feroz, com as figuras que podemos ligar aos traumas primitivos, quaisquer que eles sejam, que a criança sofreu".[128]

Como situar uma tal identificação *a priori* ? Deve-se precisar que antes mesmo que pudessem diferenciar-se um continente e um conteúdo do corpo, e antes mesmo que uma experiência da permanência tivesse podido instaurar-se, a criança é absolutamente a efração que ela sofre. Ela é a série dos traumas que ela sofre. Esse caos a abandona ao puro instante do trauma com o qual ela coincide. E seria mesmo a característica própria daquilo que se chama supereu eternizar essa identificação com o próprio instante de um dilaceramento e de uma rejeição, fundando uma lei de autodestruição.[129] Um fragmento de voz, um grito, um trecho de enunciado, soldados ao impacto pulsional de um encontro traumático, ditam um puro imperativo que se erige em lei. Essa lei profere simultaneamente uma condenação feroz e um ideal absoluto: no instante de um dilaceramento se cunha o traço de uma sublime destruição. É essa lei selada em uma identificação que organiza então o caos, que se torna senhora do caos. Como observa Lacan, "o supereu é ao mesmo tempo a lei e a sua destruição. Nisso, ele é a própria palavra, o mandamento da lei, na medida em que dela não resta mais do que a raiz. A lei se reduz inteiramente a alguma coisa que nem se pode expressar, como o *Tu deves*, que é uma palavra privada de todos os seus sentidos".[130] Essa lei insensata pode então constituir uma resposta, antes mesmo que a questão do desejo se apresente: eis o que é, eis o caminho que as excitações tomam!

O encontro traumático *a priori* se confunde com a *Prägung*, com o tempo da "cunhagem": não existe ali, como no processo do *a posteriori*, uma latência ou um tempo de elaboração entre a *Prägung* primeira e o encontro traumático posterior que dá consistência a essa cunhagem. Esse encontro traumático *a priori* é também encontro com um símbolo, mas trata-se desta vez de um símbolo destacado que, além disso, surge fora de um quadro imaginário narcísico. O supereu se situa aqui em um plano simbólico da palavra, mas enquanto imperativo ou prescrição isolados:

"Um enunciado discordante, ignorado na lei, um enunciado promovido ao primeiro plano por um acontecimento traumático, que reduz a lei a uma ponta cujo caráter é inadmissível, inintegrável — eis o que é essa instância cega, repetitiva, que definimos habitualmente pelo termo de supereu."[131]

Se o supereu "acaba por identificar-se" a uma figura feroz, é porque ele não cessa de ir ao encontro da cunhagem ou das cunhagens de origem. Encontros traumáticos posteriores poderão reforçar mais ainda, confirmando-a, a lei de autodestruição e a destruição da lei, a condenação feroz coincidindo com o ideal absoluto a atingir. Encontros posteriores ainda podem realizar a cunhagem, a *Prägung* primeira, realizando a sua resposta, sem revelar a questão do desejo. Em outras palavras, encontros traumáticos posteriores se apresentarão como respostas que realizam a condenação, e não como encontros que abrem a questão angustiante do desejo. Então, não se tratará de uma abertura parcial do trauma por um encontro traumático no *a posteriori*, mas de um *fechamento*, a partir do momento em que encontros posteriores poderão precipitar o sujeito no abismo aberto por um *Tu deves*; a menos que um radical não-advento do trauma (o trauma inerente à condição de um sujeito confrontado com o enigma do desejo) tenha, desde sempre, suprimido o sujeito do seu devir. O imperativo teria erigido ali uma completa solução e uma maciça resposta a uma questão ainda inarticulável.

Mas os destinos desta última figura do trauma diferem, evidentemente, segundo esse processo impeça doravante a substituição de objetos reais por objetos imaginários e o desenrolar do mundo do sujeito graças a equações simbólicas, ou segundo ela permita isto. E entre os dois, todos os intermediários podem apresentar-se, segundo o momento de elaboração pulsional no qual se encontrava o corpo quando a cunhagem ou as cunhagens surgiram. Trata-se realmente de pensar em termos de processo, e não apenas de "estruturas", pois esses dois modos identificatórios fundados em encontros traumáticos, o do *a posteriori* e o do *a priori*, não se excluem mutuamente: ao contrário, podem cruzar-se e coexistir. E no tratamento analítico, o primeiro até pode às vezes mascarar a lógica do segundo.

O instante catastrófico dependeria desse tempo suposto, antes de toda experiência de permanência fundada pela simbolização da ausência, em que o corpo pode coincidir no instante com os traumas que ele sofre: no ponto em que ele é o instante catastrófico. Nesse tempo suposto, nenhum espelho pôs esse corpo fora de si nem veio interpor-se entre o eu nascente e a violência que ele sofre. Do mesmo modo, nenhuma palavra veio do Outro, para articular um tempo para o acontecimento. A parte do corpo empenhada nesse encontro traumático teria ficado suspensa a essa ponta do instante: ela persiste em um tempo destacado, que não é canalizado pelas imagens e pelos símbolos. Desconectada, discordante, ela não integra a unidade de uma imagem do corpo regulada por um Ideal do eu pacificador. Essa suspensão no instante catastrófico deixa como que um furo na superfície corporal por vir. Enquanto uma superfície corporal se elabora no tempo do desejo, no movimento das passagens que ligam as pressões pulsionais às imagens e aos jogos dos significantes,[132] pode-se supor que aqui um esboço pulsional se suspende em um instante de absoluto, em que se destaca um significante isolado e ele próprio absoluto, como se diz "um poder absoluto". Essa parte do corpo permaneceria votada ao absoluto e não entraria em um tempo identificante. O sujeito não pode se situar em relação ao significante que se destaca nesse instante, pois ele não remete a um outro significante: é ejetado da cadeia dos outros significantes, não está presente sobre um fundo de ausência da coisa, pois é a própria coisa feita mandamento para um gozo absoluto. Com o destacamento desse significante, que comanda e condena simultaneamente um gozo mortal, é também a atividade corporal empenhada no encontro traumático que se autonomiza, abrindo o caminho de possíveis devastações somáticas. Essa suspensão comporta um aspecto essencial: a parte do corpo empenhada no encontro traumático se constitui como um puro lugar de efração. Uma relação de efração se funda assim entre o corpo e o mundo, de tal modo que uma divisão do dentro e do fora não pode, nesse local, entrar em jogo.

Pode-se supor que por ocasião de um encontro traumático *a priori*, um movimento pulsional apenas esboçado se encontra ali isolado, congelado em um imperativo e suspenso em uma identificação com uma figura feroz. Dessa maneira se cunha um instante catastrófico, que seria o modo temporal de um desencadeamento destruidor de gozo: o instante catastrófico se entende como uma ruptura dos laços, um "desenlace".[133]

O arrebatamento e o instante suspenso

De que natureza é o encontro capaz de entregar de novo o corpo ao instante catastrófico, quando uma aparente permanência parecia ter-se instaurado? Ele pode produzir-se por ocasião de um encontro com um semelhante, que justamente não fica, para o eu, nesse lugar de semelhante, que lhe reenvia a sua própria imagem, mas que "arrebata" absolutamente ao eu sua imagem, enquanto que um olhar, uma voz ou um fragmento de enunciado se destaca e dita um imperativo. O eu encontra o espelho que o desagrega, ao invés de refleti-lo: um espelho que abre a relação de efração. O sujeito, ao qual falta então uma palavra, voltou brutalmente a ser esse objeto bruto e sem imagem, marionete do instante, do Outro e de uma lei insensata. O corpo é chamado ali onde ele não constitui superfície, onde não está separado e não é suportado por um "eu" [je]. A passagem de poder ao outro e ao Outro seria então maciça, pois esse Outro está "pleno", não lhe falta nada, e o sujeito é ejetado fora dele, excluído.

Le ravissement de Lol V. Stein de Marguerite Duras nos mostra uma ficção que torna pensável uma das figuras possíveis dessa catástrofe, desse desenlace. Uma interpretação desse notável romance poderá propiciar aqui o questionamento dos efeitos do encontro com um semelhante que arrebata ao eu sua imagem.

O romance se abre com a cena do baile, em que Lol, imóvel e incapaz de sofrer, presencia o rapto do seu noivo por uma mulher que aparece subitamente. Mais precisamente, aparecem duas mulheres. A primeira, mais velha, com sua "graça abandonada, desfalecida, de pássaro morto", passeia o seu "não-olhar" sobre o baile, eclipsando imediatamente a sua réplica inacabada e incerta: a sua própria filha. Esta logo desaparecerá do romance, como um obscuro presságio à realização da cena do baile.

Faltam uma palavra e um sofrimento a Lol V. Stein, fascinada pelo aparecimento de Anne-Marie Stretter, no momento em que, sob o seu olhar, seu noivo lhe é arrebatado. Seu próprio corpo *escapa* [134] então, pois doravante é a outra mulher que usará a capa, a imagem do eu, o seu traje. Lol perde a sua própria imagem e fica suspensa ao instante do desenlace do baile. Ela fica sem voz e coincide a partir de então com a cena do baile, do qual ela se torna o puro olhar.

Diante do noivo que empalidece, Lol fica "sem surpresa", e o olha mudar. Lol "espreitava o acontecimento, sondava a sua imensidade, a sua precisão de relógio. Se ela tivesse sido o próprio agente não só de sua vinda mas também do seu sucesso, Lol não teria ficado mais fascinada."[135] Durante toda a noite, Lol ficará suspensa, pelo olhar, aos dois corpos enlaçados em sua dança. "A noite avançava e parecia que a possibilidade que Lol teria de sofrer se rarefazia ainda mais, que o sofrimento não conseguira encontrar nela onde insinuar-se." E "Lol ficará sempre ali onde o acontecimento a encontrara..."[136]

A cena do baile, que se abrira com o aparecimento de Anne-Marie Stretter e de sua filha, se fechará com o aparecimento da própria mãe de Lol. A mãe chega injuriando o casal e lhes pergunta "o que fizeram com a sua filha". E Lol só pôde compreender que o baile estava acabando no momento em que sua própria mãe veio ficar de "anteparo" entre eles e ela. Nessa cena do fim do baile, parece aliás que é a mãe de Lol que sente o que Lol é incapaz de sentir. Mas, subitamente, com sua mão, Lol derruba essa mãe-anteparo. Lol empurra violentamente esse anteparo, que só pode deixá-la sem rosto. A mãe não é mais do que o presságio de um desenlace do "ser a três" [137], no qual Lol se suspendera durante toda a noite. Lol chora pela primeira vez, mas seu rosto não pode mais ser "tocado por quem quer que seja". Quando, no fim do baile, não vê mais o casal, Lol cai por terra, desmaiada, depois de tentar retê-los.

Nessa ficção, parece que a cena do baile não revela a Lol o que ela era antes, sem saber: nada é revelado a Lol, pois ela não está mais ali. E ao longo do romance, ela só retomará vida para tentar refazer essa cena a três, que nunca entra na sua história, mas que não cessa de atraí-la para o único lugar que ela ainda pode ocupar: um lugar de objeto-olhar. Seu próprio tempo e sua própria história não são mais representáveis nem ordenados por um "eu" [je]. Nela, tudo se apaga incessantemente e só uma cena a três poderá realizá-la enquanto objeto. Lol se apegará ainda à espera da cena do baile, espera de uma cena passada que não foi constituída como passada, mas que está sempre por vir no nó precário da fantasia, que a faz ainda manter-se enquanto objeto: esperar, espreitar, suspender-se a esse "ser a três", fazendo-se olhar que une um casal de amantes. Ela tenta assim reconstituir indefinidamente a cena do seu próprio arrebatamento: é preciso ainda que ela seja "substituída" por uma outra mulher, para saber o que fazer do seu corpo.

Se Lol desapareceu na cena do baile, e se sua própria imagem não aparece mais, entretanto ela congelou ali um lugar de objeto, em um momento de báscula, em que ela se torna puro olhar. Essa cena traumática do baile não abre uma questão angustiante, pois ela já chega como uma resposta que não surpreende Lol. Pode-se imaginar que Lol não é confrontada com a questão do desejo do Outro e do que ela é para esse desejo, pois ela já está no gozo da resposta: identificada nesse lugar de objeto que sustenta a cena da sua própria exclusão. Essa cena de rapto e de extinção parece realizar enfim o que esperava: dizia-se, sobre Lol, que já lhe faltava alguma coisa para estar ali. Nela, já, tudo se apagava: "Ela dava a impressão de suportar com um tédio tranqüilo uma pessoa que ela fazia questão de parecer, mas da qual ela perdia a memória em toda ocasião."[138]

Durante o baile, a voz e o sofrimento faltaram para que um "eu" [je] da cena se constituísse como um "eu não quero ser isto!" De Lol, só restou o que, nela, aquiescia profundamente, o que dela mesma veio coincidir com a cena e fazer-se cena de arrebatamento.

Para Lol V. Stein, que só subsiste realizando em ato um nó a três, resta entretanto um instante habitável, mesmo que, de outra forma, o seu tempo pareça destruído: "Lol progride a cada dia na reconstituição desse instante", mais precisamente: o instante preciso do fim do baile. "O que ela reconstrói é o fim do mundo (...). Nesse instante preciso, uma coisa, mas o quê?, teria que ser tentada, mas não o foi. Nesse instante preciso Lol se mantém..."[139]

Fora desse instante suspenso, Lol não é talvez mais do que um perpétuo apagamento. Pode-se supor — no pensamento autorizado pela ficção — que Lol não desaparece realmente ou que ela não se mata, pois esse instante é incessantemente recomeçado. Ele não deve acabar e fica sempre por vir, pois se Lol passasse mais-além, o seu "ser a três" se desenlaçaria. Ela se mantém nesse instante suspenso, que será todavia ameaçado no fim do romance, quando Lol é chamada pelo narrador em uma cena a dois e começa então a delirar.

É preciso lembrar que a cena do baile se abre com o não-olhar de Anne-Marie Stretter, figura de mãe e de morte que vem arrebatar Lol. E pode-se supor que essa cena do baile encerra, na resposta que ela fornece, uma catástrofe que já havia começado há muito tempo e que já deixara Lol ausente de si mesma: uma catástrofe subjetiva, que empenharia talvez o não-olhar de uma mãe, a cunhagem de um não olhar, de um *não lugar*. Nessa hipótese, entende-se a difícil apreensão de uma imagem do corpo investida no espelho, isto é, a precariedade de uma cena, na qual se constituiria o seu próprio reflexo, matriz da sua memória e formadora da "função do Eu" [je]. Nada parece poder inscrever-se de modo duradouro sobre essa superfície corporal, desertada pelo olhar e pelo desejo materno, salvo talvez o instante em que a própria Lol se faz olhar e se suspende nele: o instante em que ela *se torna o que não teve lugar*, em que ela *é* reduzida ao que faltou. *A priori*, ter-se-ia cunhado um não-lugar que se realizará ainda mais tarde, no seu desaparecimento por ocasião da cena do baile, assim como se realizará a sua redução e a sua identificação na ponta de um instante suspenso e de um olhar.

No romance, nada nos autoriza a pensar que Lol *se experimenta* como entregue a um instante catastrófico ou ao desfile infernal dos significantes em um momento de desintegração do eu, salvo talvez no fim do romance, quando ela é precipitada em uma cena a dois. Na maioria das vezes, Lol já parece mais-além dessa possibilidade: isso não pode mais desorientá-la, pois quem nela experimentaria esse sofrimento e assistiria a ela mesma? Lol não experimenta a ameaça de desaparecimento ligada ao instante catastrófico, pois ela coincide com o instante suspenso de um puro olhar. O instante catastrófico só pode ser experimentado quando subsiste um sujeito precário que não basculou inteiramente em um lugar de objeto.

A travessia do instante catastrófico

De modo geral, a relação de efração se funda em um instante em que o sujeito coincide com a cena que o anula ou que o exclui, e se encontra assim pregado onde ele não pode se ver nem se pensar: em um espaço que só tem duas dimensões, pois o tempo da perspectiva não pode regular nele a profundidade do campo perceptivo. Mesmo que outras relações se instaurem e que efeitos de sujeito possam se produzir posteriormente, um encontro traumático sempre terá o poder de anular essa subjetividade e precipitar às vezes o corpo em uma forma de autodestruição. Essa relação de efração sempre poderá entrar em jogo quando surge um semelhante que se faz o suporte de um símbolo destacado, inassimilável, tendo ditado o equivalente de uma condenação e excluído o sujeito da posição de onde ele se pode ver em um espelho. Esse tipo de encontro traumático empenha a relação narcísica, de tal forma que o corpo é projetado em um espaço de duas dimensões, que não é mais regulado pelo tempo da perspectiva.

A trama do tempo se desfaz e se reduz ao instante catastrófico quando o eu só é identificado a um não-lugar ou a uma figura feroz. Nesse instante, podem desenlaçar-se os laços frágeis que organizavam as relações do sujeito e dos objetos, sem que lhe seja sempre possível reter-se ou suspender-se ao próprio instante de uma cena traumática, que realizaria em ato uma suplência fantasística. No romance de Duras, pode-se interpretar a suspensão de Lol em um "ser a três" como uma tal suplência: ela fixa assim a cena de uma triangulação precária e reconstrói um mundo pela colocação em ato de uma tal perspectiva. Mas encontram-se também na clínica momentos de destruição da perspectiva, nos quais o sujeito só se apreende em imagens achatadas, imediatas e sem espessura. Essa desarticulação do tempo e da imagem seria a característica própria do instante catastrófico, em que o corpo se encontra incessantemente precipitado no imediato.

Quando a imagem do corpo não pode mais canalizar a libido, esse corpo é atravessado constantemente pelo desfile infernal dos significantes e dos instantes, pondo em xeque o próprio movimento da retomada. Ali, não há mais repetição possível, e o tempo reversivo não realiza mais a sua função na linguagem. Vamos retomar aqui o fio da introdução: o que ocorre com a travessia do instante catastrófico, quando um sujeito apela a um analista, para tentar deter o intolerável sofrimento que surgiu retardado? Pois o intolerável sofrimento de um tempo cuja trama subjetiva se desfaz pode se manifestar quando o sujeito não desapareceu completamente em uma resposta ou quando ele não pode mais colmatar o abismo que se abre diante dele com a colocação em ato de uma identificação fantasística.

A travessia do instante catastrófico no tratamento analítico só pode se orientar primeiramente na direção do restabelecimento de um quadro para a relação imaginária: é o que visa o analista, que espreita nas palavras do analisando todas as ocasiões de destacar os traços que podem redesenhar o quadro simbólico do eu, a moldura de um espelho, isto é, os traços que constituem o ponto de onde o eu ainda pode se ver. Como todo ponto de vista é imediatamente levado e apagado pelo instante que passa, em proveito de um outro que tem o mesmo destino, a trama da história só pode desmanchar-se incessantemente, com a própria dimensão do sentido, se o analista não reunir os traços à deriva. Pois não se produz mais nenhuma subjetivação quando nenhum traço fixo permite contar os seguintes e o sujeito não se distingue mais de um significante que pode representá-lo e que ele poderia contar.[140] Nada conta nem se inscreve se o eu, como objeto, não é reconstituído como tela de fundo em um quadro simbólico. Assim, é essencial que a cena em que ele se perdeu se monte em uma perspectiva, para que ele deixe de coincidir com ela.

É notadamente na retomada dos acontecimentos oníricos que se pode montar essa ou essas cenas. O sonho é, de fato, o lugar onde não há mais distância entre o que é visto e o ponto de onde é visto: ele continua sendo o lugar privilegiado de expressão da relação de efração. A presença de sonhos traumáticos parece constituir no tratamento um aspecto essencial do trajeto que pode permitir atravessar o instante catastrófico. Os sonhos traumáticos estariam realmente, segundo Freud, a serviço da compulsão à repetição, que tenta realizar a ligação psíquica das impressões traumáticas. O mundo da vigília parece fechado e sem espessura, enquanto cunha a cada noite o real do sonho. Muitas vezes, a vigília não é mais do que um nebuloso "resto diurno" para sonhos ferozes, bem mais reais do que tudo o que ocorre ao sujeito. Ora, só os sonhos traumáticos são capazes de devolver a memória dos instantes catastróficos. E não é algo idêntico que se reproduz ali a cada noite, a partir do momento em que os sonhos estão em análise. Terror, espanto, exclusões, condenações ou mutilações são expostos em significantes destacados, que atacam o eu como que de fora, no modo alucinatório do sonho. Nenhum desses sonhos deve então ficar aberto — como um túmulo aberto — enquanto não compuser a sua memória no lugar da transferência, e enquanto não entregar os seus restos diurnos. São realmente os sonhos traumáticos que podem dar lugar aos seus restos diurnos, e que expõem assim o que se destacara. Esse real do sonho dá acesso ao que foi destacado em um imperativo de destruição, onde o sujeito ficou excluído, identificado com um excesso, com um extremo e com uma efração. A "preparação pela angústia" que a transferência suscita pode limitar a efração e ligar o excesso na rede movediça dos significantes que o analista vincula à sua presença. *Derrubar o absoluto* solicita a instauração de uma presença sobre fundo de ausência e de um tempo de composição dos restos diurnos em si mesmos inacessíveis.

Uma tal travessia deixa apreender a maneira pela qual o eu desapareceu em um plano de identificação com um não-lugar ou com uma figura feroz, interditando ao "eu" [je] um lugar possível na história. No instante catastrófico, não há mais distância entre o "eu" [je] da história (o sujeito da enunciação) e o eu aspirado em uma identificação com uma figura feroz. É por isso que a presença de uma trama temporal na qual o sujeito poderia situar-se parece abolida. Uma experiência de continuidade só é assegurada pelo "eu" [je] da história, constituído em um tempo reversivo, enquanto o eu sempre pode desaparecer em viradas identificatórias. Quando se realiza a travessia de um plano de identificação, até que o "eu" [je] da história possa retomar os movimentos e a lógica das viradas da identificação, uma distância se estabelece entre um "eu" [je] e um eu [moi], assim como entre o ideal e o objeto, de tal modo que efeitos de subjetivação sejam possíveis.

Delimitar o impossível e derrubar o absoluto

Pode parecer paradoxal, mas deve-se pensar o tratamento analítico como um tempo de reabertura do trauma. De fato, de modos diferentes no *a posteriori* e no *a priori*, encontros traumáticos petrificaram um saber: identificações ou imperativos obturaram mais ou menos o enigma do desejo. O descolamento ou a vacilação das identificações inconscientes seladas na fantasia podem ser entendidas como um tempo lógico de reabertura do trauma. Mas a travessia do instante catastrófico no tratamento também solicita essa abertura, no ponto em que a catástrofe, ao mesmo tempo em que extenuava o desejo, fazia as vezes do trauma. O que pode significar a abertura do trauma no tratamento? É preciso lembrar que, segundo Freud, é primeiramente a própria introdução da pulsão no campo dos processos inconscientes que produz trauma.

No seu texto "Além do princípio do prazer", Freud observa que o efeito das excitações internas é comparável às perturbações observadas nas neuroses traumáticas. Essas excitações internas são as pulsões "que provêm do interior do corpo e são transferidas para o aparelho psíquico".[141] Essas pulsões se manifestam sob a forma de energia livre, pressionando para a descarga. E Freud acrescenta que "o melhor dos nossos conhecimentos sobre esses processos provêm do estudo do trabalho do sonho (...) no inconsciente, os investimentos podem fácil e inteiramente ser transferidos, deslocados, condensados...".[142] Trata-se, precisa Freud, do processo primário que caracteriza o inconsciente. Ora, "todas as moções pulsionais têm seu ponto de impacto nos sistemas inconscientes" e "seguem o processo primário": "... seria então tarefa das camadas superiores do aparelho psíquico ligar a excitação pulsional quando ela chega sob forma de processo primário. O fracasso dessa ligação provocaria uma perturbação análoga à neurose traumática; é apenas depois que essa ligação foi realizada que o princípio de prazer (e o princípio de realidade que é a sua forma modificada) poderia, sem entraves, estabelecer a sua dominação. Até então, é outra tarefa do aparelho psíquico dominar ou ligar a excitação, que prevaleceria, não sem dúvida em oposição com o princípio de prazer, mas independentemente dele, e parcialmente sem levá-lo em conta."[143] Freud introduz assim a noção de compulsão à repetição, que se manifesta notadamente no tratamento.

Trata-se realmente de uma forma de trauma inerente à articulação da sexualidade e dos processos inconscientes, a partir do momento em que ela se manifesta sem ostentação e sem significação como um puro desejo, no qual o investimento libidinal desliza e se transfere de um representante para outro, por deslocamento e condensação. Ele desliza e se transfere sem cessar, enquanto o sujeito ainda não é nada para um tal desejo que não tem determinação imaginária. Antes mesmo da junção da fantasia, antes mesmo que se organize uma significação em torno do desejo do Outro, e fora do campo dos imperativos que congelam uma resposta, o sujeito se encontra confrontado com um não-senso: esse puro desejo não inscreve o seu lugar no mundo de maneira fixa, pois ele é apenas um puro desfile. Aqui se situa o trauma propriamente dito, inerente ao advento do sujeito, na medida em que esse confronto abre o enigma do desejo do Outro e a dimensão do não-senso "que constitui o inconsciente na realização do sujeito".[144]

Evocando esse puro desejo, estamos em uma dimensão especulativa e mítica, que se deduz, entretanto, da experiência do tratamento. Se o trauma, diferenciado do encontro traumático, pode ter um sentido propriamente psicanalítico, é com a condição de só supô-lo a partir dessa experiência. O retorno parcial à dimensão do não-senso e a abertura do trauma como tempo zero da significação supõem então a desestabilização das identificações que o recobriam, designando o sujeito para um lugar fixo, causa do seu sofrimento. Mas essa experiência só é possível na medida em que o analisando não é exatamente confrontado com o nada, a partir do momento em que existe a relação com o analista e com o imaginário próprio a essa relação, nos quais uma palavra faz ressoar um texto singular realizando ligações. Ou ainda, analista e analisando vão juntos ao encontro desse momento de reabertura do trauma, de tal modo que o analisando possa de uma maneira nova fazer a sua pergunta, suspendendo o tempo da resposta: O que isso quer? Para onde vai o desejo e o que é ele para mim?

A liberação das identificações narcísicas e superegóicas — que enquistaram em um eterno retorno aquilo que nunca se tornava passado — depara-se com uma curiosa experiência do tempo. Encontrar-se desalojado de uma imagem que congelava uma perspectiva de eternidade, designando para o corpo uma residência impossível, ou recolocar no tempo um imperativo que valia como uma palavra eterna para um destino do sujeito são acontecimentos que, justamente, fazem entrar o sujeito no tempo. Quando *isso não olha mais* o sujeito sem que este saiba, a partir de um ponto imemorial do infantil, é como um anjo caído da eternidade, mesmo que fosse um inferno eterno. Cessar de coincidir com os significantes e com as imagens que experiências traumáticas tinham selado em um "gozo ignorado", é primeiro entrar no tempo, que se parece então com um puro desejo sem determinação, e sob o qual desaparece o ser do sujeito.

Mas essa queda seria vertiginosa ou traria novas solidificações, se não tivesse lugar, precisamente, na transferência em que se compõe e se entende um texto, diferente de um puro desfile anônimo. A desestabilização do lugar de objeto que o sujeito ocupava se produz notadamente quando significantes, despertados na atualidade da transferência, descem as ladeiras do passado, agarrando, de passagem, os brancos da história. Pois os enclaves traumáticos são esses buracos no tempo, onde os acontecimentos não constituíram ou perderam o seu texto. É, de fato, a abertura do trauma no tratamento, por uma liberação parcial das identificações, que desencadeia um tempo reversivo, pelo qual o passado se tornará porvir. Em outras palavras, um tempo reversivo orienta a transferência, pela qual o passado virá do futuro para entrar na história: o passado virá dos encontros por vir no tempo da repetição construído pelo tratamento, na medida em que a transferência atualiza o que não cessava de vir sem ter lugar.

Mas qual é o motor desse tempo reversivo na transferência? A entrada no tempo da análise corresponde à abertura de uma questão absurda, desconhecida, informulada e informulável, que toma o analista como destinatário. Essa questão, ou esse oferecimento inconsciente feito ao analista, põe em jogo um lugar impossível de ocupar. Trata-se de uma questão fundamental quanto ao lugar do sujeito na sua história, mas que se fossilizara em encontros traumáticos, tendo fundado identificações inconscientes. E o analista, mesmo que antecipe a questão em suas diferentes versões, será igualmente implicado em um percurso, do qual nenhuma fórmula e nenhum saber dispensam: simultaneamente, o analista sabe e não sabe de que oferecimento impossível ele é aqui adquirente na transferência. Com efeito, é apenas no fim do percurso que o oferecimento e a questão poderão ser verdadeiramente reconhecidos em sua singularidade e que o impossível poderá ser nomeado e delimitado, liberando assim os caminhos do possível.

O desenrolar da questão ou das questões impensáveis, em seus diferentes aspectos, se efetua nos tempos da transferência. É o laço com o analista que fornece o imaginário necessário à revelação da questão. Nesses tempos de desenrolar da questão, podem então aparecer acontecimentos que *não cessam* e que procuram ali um tempo e um termo, que jogam seu fim possível no tempo reversivo da análise.

Quando a análise pôde delimitar suficientemente a questão e dar lugar ao que *não cessava*, pode-se produzir um verdadeiro descolamento das imagens que congelavam ainda uma resposta intemporal. Um tal descolamento não se faz sem angústia, antes que o impossível possa se formular e delimitar. Esse momento, de certa forma traumático, revela ao sujeito o lugar impossível que ele ocupava antes, sem que ele soubesse, mas em uma "preparação pela angústia", que impede uma efração: o encontro traumático com um símbolo, em um quadro imaginário que o faz aparecer, não vem, desta vez, selar uma identificação inconsciente, mas desalojar dela, parcialmente, o sujeito.

De fato, esse encontro traumático com o impossível posto em jogo e em questão no laço com o analista revela nesse momento ao sujeito o que ele, apesar de tudo, começara a saber. É pois em um "pouco a pouco embora imediatamente" que ele se declara. E seu efeito não é mais um rebatimento *a posteriori* do encontro traumático sobre o trauma, nem um fechamento *a priori* do trauma por um encontro traumático, mas o inverso: uma liberação das identificações fundadas nos traumatismos, permitindo uma reabertura parcial do trauma — de onde podem surgir as forças vivas do desejo — depois da delimitação de um impossível. Se pode produzir-se ali uma abertura e não um fechamento, é também na medida em que essa revelação não tem lugar no quadro de uma relação narcísica, mas no laço da transferência, cujo encontro com os símbolos o imaginário sustenta.

Delimitar o impossível e derrubar o absoluto: são esses os atos do tratamento que instauram uma distância entre os encontros traumáticos e o trauma inerente à condição da subjetividade, essa distância permitindo à história entrar no tempo para contar o sujeito de outra forma.

O tempo para que isso chegue, o tempo para desprender-se disso e o momento dado

Voltemos ao tempo real e destruidor que, por sua ação destruidora, "nos dá também o que nos tira". Esse é um trabalho essencial de dom pela destruição que o tempo realiza: tudo o que teremos, só poderemos tê-lo na medida em que o tempo, ao passar, já nos terá tirado e nos dará então em uma potência segunda. Poderemos ter o que não somos mais.

Ora, tudo o que não é passado na história, tudo o que não foi simbolicamente destruído, e que subsiste nos limbos de um tempo que não passa, por isso mesmo nunca nos é dado. Ele nos capta, entretanto, em buracos do tempo, para onde nos chamam as "paradas nas imagens".

O tempo da análise é essa travessia que leva as marcas da destruição sobre o que não passava, de tal modo que essas marcas nos sejam dadas em um tempo identificante. Mas é preciso primeiro que os acontecimentos que não tiveram começo nem fim *cheguem*. Em análise, há um tempo para que isso chegue, um tempo para desprender-se disso e um tempo para que isso seja contado ou dado, como se diz "em um momento dado".

A análise é esse lugar onde chegam enfim os acontecimentos fundadores da história ou os acontecimentos constitutivos da fantasia. O que chega ali, chega como que pela primeira vez, pois era preciso pelo menos dois momentos para que o acontecimento chegue, isto é, para que um primeiro vestígio errante venha brutalmente coincidir com um segundo vestígio fundado em uma repetição nova, e que essa coincidência realize um tempo identificante. Pois tudo o que se passou não chega necessariamente. O sinal de que um acontecimento chega enfim é precisamente quando ele chega a contratempo, com atraso, deslocado em um tempo de transferência. Esse deslocamento realiza então a presença de um Mesmo já tornado Outro: a repetição de um idêntico que *se altera* imediatamente para advir.

O acontecimento em todo o seu brilho, o acontecimento psíquico em todas as suas ressonâncias e suas contradições, *chega* no vínculo com o analista, e muitas vezes em sonho, de tal modo que um analisando possa dizer: "eu acreditava sabê-lo, mas agora de fato aconteceu* pela primeira vez". Só quando isso *chegou,** pode haver uma mudança, isto é uma imersão do acontecimento no tempo do sujeito e uma modificação do lugar que ele ocupava na sua fantasia. Só quando o acontecimento chegou, o sujeito cessa de coincidir com ele, cessa de sê-lo para contá-lo. É atravessado pelo que ele terá perdido, ao mesmo tempo. Atravessado por aquilo que chegou e que lhe é assim tirado, ele o tomará *em um momento dado*. Poderá lembrar-se então daquilo que nunca lhe aconteceu: o que nunca aconteceu no presente, no mesmo momento em que isso não cessava. O que não tinha acesso à presença não podia, por isso, nunca ausentar-se.

A preensão do tempo sobre as imagens queima essas imagens ao identificá-las. E "em um momento dado", desabam os muros de suposição que hipotecavam o presente, em benefício da dúvida ou em benefício do "Outro, se ele existisse". O tempo de uma análise poderia ser uma repetição de presentes do singular, despojando o porvir e o passado dos signos que os atravancam, à medida que chegam os acontecimentos que não cessavam. O presente do singular não é uma interioridade que se estenderia em uma duração, mas a presença repetida de um ato psíquico — sempre o mesmo e no entanto a cada vez diferente — que faz surgir os traços do desejo: um modo de *passar*, singular, que detém o suspenso na infinitude. A sujeição a uma suposta significação e a uma suposta completude de um tempo que se basta a si mesmo exclui o sujeito da presença do desejo: ele alimenta a figura do *Outro em tempo integral*. A travessia de uma análise deve esgotar a miragem desse *Outro em tempo integral* que se supõe privar o sujeito: miragem que o sujeito acredita dever manter pela sua própria renúncia e pela sua própria exclusão da presença.

---

* Ao longo de todo o seu texto, a autora joga com os dois significados do verbo *arriver*, "chegar" e "acontecer". (N.T.)

SEGUNDA PARTE

Toxicomania: A invenção de uma autocronia[145]

"Ter um corpo para si é um suicídio perpétuo",[146] dizia François Perrier. Qual é esse "corpo para si" que se asfixia no álcool ou na droga? Não é um "corpo a corpo" impossível, "para si" porque não separado, e por isso mesmo entregue a um excesso inominável? Esse "corpo para si" não seria um corpo *por excesso*, desde sempre *sob perfusão*? Seria necessário interrogar ainda esse impasse narcísico no qual se esgota esse corpo *por excesso*, tanto mais que o recurso ao tóxico se entende muitas vezes como uma maneira de *fazer-se a cada dia um corpo estranho*.

Nessa *perfusão*, o excesso pulsional não cessa de investir uma figura do corpo, realizando em ato um devir circular. Como se o ritmo de uma perfusão substituísse qualquer outra forma de tempo, trata-se a cada dia de tornar-se aquilo que se incorpora, sob pena de desaparecer.

O excesso e o exílio

O tóxico é uma questão de tempo... Mais precisamente, é o lugar de uma destruição do tempo e da confusão das memórias. Essa asserção, que não é sem incidência sobre a prática analítica, se deduz da ação conjugada das elaborações freudianas em torno do "excesso" e da prática clínica com pacientes toxicômanos. A fim de situar o impasse e a violência manifestados pelo tóxico, é necessário, em um primeiro tempo, operar uma breve reconstrução parcial do trajeto freudiano que dá seu lugar ao excesso e que permite entender o que significa a elaboração de um "corpo estranho".

Qual é o excesso que obceca os corpos humanos e dá lugar a tanto transbordamento, sofrimento e formações sintomáticas de "corpos estranhos"? Essa poderia ter sido uma das primeiras questões de Freud, uma questão que incessantemente parece espicaçar o seu pensamento, deslocando-o ao mesmo tempo.

Depois dos seus trabalhos sobre a cocaína, Freud se interroga, em 1888, por ocasião de suas pesquisas sobre a histeria, a respeito da "formação de um excesso de excitação no órgão psíquico".[147] Considera então essa neurose como a manifestação de um excesso resultante, provavelmente, de uma "intoxicação".[148]

Depois de renunciar a essas primeiras formulações, Freud conservará entretanto, sob a forma de um enigma, a referência a processos tóxicos que constituiriam o fundamento de toda sexualidade. Devemos supor a existência deles, repete ele ao longo da sua obra, sem todavia dizer mais: a "toxina única da libido"[149] toma então a função de uma incógnita, no sentido matemático do termo, que nos obriga a abandonar toda tentativa de "descrição" de um "órgão psíquico". De fato, a afirmação desse não-saber funda, de certa forma, o campo psicanalítico, no qual só "ficções" de aparelhos psíquicos tentarão resolver o enigma do excesso sexual. Essas "ficções" só fornecerão doravante os "andaimes" incessantemente renovados de uma "construção" desconhecida.[150]

Essa estrutura da elaboração metapsicológica parece homogênea à da realidade psíquica: ambas se assimilam a construções alicerçadas em torno de um inacessível real do sexo ou em torno da sexualidade como "toxina desconhecida". A questão relativa ao excesso fica assim deslocada. Não se trata mais de procurar a origem exata do excesso libidinal, mas antes de reconhecer que entre os humanos, o sexual se manifesta justamente enquanto excesso irredutível: esse "demais" que *não cessa*, que não se resolve em uma harmonia natural nem no funcionalismo de uma necessidade, se manifesta sempre na ultrapassagem de um limite. Finalmente, as pulsões sexuais parciais persistem "por excesso", pois se elaboram "por falta" de um objeto adequado, fixo ou pré-formado.

Convém então interrogar as realidades psíquicas que assumem esse excesso, essa quantidade sem nome que não poderia ser totalmente "descarregada". E a teoria psicanalítica não se elabora a si mesma como uma realidade psíquica, para tentar resolver o enigma desse excesso? "Nossa mitologia" — que a teoria das pulsões é —, segundo a fórmula freudiana de 1932, representará uma dessas novas "realidades" em curso permanente de modificação.

Essa condição de exílio da teoria psicanalítica vem pois redobrar, ao revelá-lo, o próprio destino do excesso sexual (ou do sexual como excesso) nas realidades psíquicas: no ponto em que só temos acesso às manifestações pulsionais sob a forma de substitutos, produtos do encontro entre o corpo e a linguagem que *precipita* a inscrição de vestígios mnésicos quando das primeiras experiências de satisfação. O desejo sexual inconsciente, segundo Freud, se entenderá assim como o movimento contrariado do reinvestimento desses vestígios mnésicos.[151] E o sonho se tornará no pensamento freudiano o paradigma de todos os atos de memória inconscientes que dão *figuras* ao excesso pulsional, graças a um anacronismo: "a cena infantil não pode realizar a sua própria reaparição, ela deve se contentar em voltar como sonho".[152] O desejo sexual posto em relação com a sua própria interdição gera novas formações de substitutos, como o sonho ou o sintoma, e não o exato reencontro de uma satisfação primeira, cuja miragem e cujo excesso nenhuma "descarga" poderia esgotar.

O surgimento anacrônico do excesso pulsional — através do sonho ou do sintoma — se manifesta "à maneira de um corpo estranho".[153] Retomarei aqui essa antiga formulação de Freud quanto às "reminiscências" de que sofrem os histéricos, a fim de marcar a maneira pela qual o sexual — enquanto excesso — volta essencialmente sob a forma de uma memória estranha, encenando um corpo enigmático. Parece que no pensamento freudiano, o estranho se conjuga com o anacrônico, para dar *lugar* e *laço* ao sexual infantil.

Em 1896, Freud já renega claramente o caráter intrinsecamente tóxico dos acontecimentos que supostamente desencadeiam a histeria por seu excesso, para substituí-lo pela "ação póstuma do traumatismo sexual infantil". Precisa então que "a lembrança age por uma excitação incomparavelmente mais forte do que fizera, no seu tempo, a experiência; (...) Ora, é essa relação invertida entre a experiência real e a lembrança que parece encerrar a condição psicológica para um recalque. A vida sexual — em razão do atraso da maturidade pubertária em relação às funções psíquicas — oferece a única possibilidade para que se produza essa inversão da eficácia relativa. *Os traumatismos infantis agem* a posteriori *como experiências novas, mas então de modo inconsciente*".[154]

A posteriori ainda, parece que do encontro entre o corpo e a linguagem, selado pelo recalque originário, resulta uma impossível adequação: o corpo está sempre ali cedo demais ou tarde demais para os encontros dos significantes e das imagens; e o excesso pulsional se acha assim incessantemente reconduzido e ligado pelos novos recalques ou outros atos psíquicos. A partir de então, só as formações psíquicas atuais conservam *a posteriori* os vestígios e os efeitos do excesso pulsional: graças a uma inversão temporal constituinte, o "já-ali" só se produz —

no sentido da realidade psíquica — no ato de um retorno. Em 1918, a propósito do caso do Homem dos lobos, Freud observará ainda que é o sonho que confere à observação do coito uma eficácia *a posteriori*.[155] De fato, no momento em que reconheceu a existência da sexualidade infantil, ele conserva a idéia de um anacronismo caracterizando a sexualidade humana presa pelas redes da fantasia: a sexualidade infantil estava mesmo ali, mas o excesso foi assumido por um "grupo psíquico separado", cuja "tradução" direta no consciente foi recusada e que, pode-se acrescentar, persiste em um tempo que não passa. Só "transferências" permitirão doravante aos desejos inconscientes atualizarem-se.

Transferência e alteração

Essa desorientação do sexual em uma rede emaranhada de vestígios mnésicos inconscientes constitui o próprio argumento da carta que Freud envia a Fliess a 6 de dezembro de 1896, e que representa provavelmente uma verdadeira articulação para o pensamento do excesso e da transferência: "Os acessos de vertigem, soluços, tudo é posto na conta de *uma outra pessoa*, mas principalmente na conta desse outro personagem pré-histórico, inesquecível, que ninguém chega mais tarde a igualar. Aliás, mesmo o sintoma crônico dos sujeitos que querem ficar deitados se explica da mesma forma. Um dos meus doentes não pára de gemer no sono, como fazia outrora, quando queria que sua mãe, morta quando ele tinha vinte e dois meses, o levasse para a sua cama. Nunca um acesso parece ser ***a manifestação intensificada de uma emoção***."[156]

O acesso histérico se entende efetivamente aqui como um excesso de significação, que surge no quadro de uma encenação fantasística, em que o corpo se reduz ao teatro de um diálogo entre o sujeito e uma "outra pessoa", graças a uma transferência: assim o sujeito assina a sua "descarga" e põe o excesso pulsional apenas na conta dessa "outra pessoa", notadamente na conta do pai perverso e sedutor, cuja figura Freud encontra então nas falas dos histéricos. A atribuição do desejo sexual ao pai apenas revela a própria estrutura do desejo na memória inconsciente: os sujeitos apresentam e organizam o seu desejo em uma encenação em que "uma outra pessoa" aparece como o ator principal e realizador. É essa uma segunda inversão, à qual estão submetidas as manifestações do excesso pulsional: se a memória ardente do corpo pulsional pertence mesmo ao sujeito, ela só se realiza, entretanto, no Outro, no ponto em que ela parece voltar do exterior, à maneira de um acidente.

O pulsional, enquanto excesso inominável e irredutível, já parece o objeto de uma transferência. E precisamente, as "neuroses de transferência" não poderão mais ser encaradas como expressões diretas de um "excedente sexual", mas antes como as encenações anacrônicas de questões e respostas ao enigma do desejo do Outro. O sintoma, substituto de uma satisfação sexual, se apresenta então como o resultado das identificações realizadas nessas cenas fantasísticas: identificações pelas quais, graças ao jogo conjugado da aderência das imagens e da migração dos significantes, o sujeito congela, sem saber, uma definição (impossível) do seu ser e tenta realizar a satisfação (parcial e conflitual) do seu desejo.

O excesso suposto na origem e no princípio da atividade de um corpo pulsional não cessa finalmente de *se alterar*: recomposto nos tempos da realidade psíquica e posto na conta de uma *outra pessoa*. Assim, a fantasia e a transferência orientam o destino do excesso pulsional que se desenrola no mal-entendido e no anacronismo: submetido a essa dupla "inversão" própria da temporalidade e da alteridade.

Em uma feliz embora intolerável alienação, essa essencial alteração do excesso dá lugar à elaboração de um corpo de metamorfoses: "... na profundeza indefinida em que o 'presente' recomeça o 'passado', mas onde o passado se abre ao porvir que ele repete, para que o que vem sempre volte, outra vez e outra vez".[157] Como eco involuntário às diferentes formulações freudianas do processo do *a posteriori* (que dá ao excesso os seus lugares), Blanchot evoca esse tempo que recompõe um corpo no "estranho": "... lá onde não se trata mais de fazer psicologia, mas onde, ao contrário, não há mais interioridade, pois tudo o que é interior se desenrola no exterior, toma a forma de uma imagem".[158] É realmente esse exterior íntimo, gerado por repetições novas, que se pode assimilar ao "corpo estranho" do sonho, da obra ou do sintoma; pois, se essas diferentes formações se revelam não ser exatamente idênticas, [159] põem em jogo, não obstante, a construção de "lugares do corpo" através do encontro do "imediatamente" e do "já-ali", de tal modo que o mais "interior" é o que, virtualmente, nos espera no exterior. O trabalho de criação seria assim uma das formas da alteração do excesso que se assimila a uma geração anacrônica de "corpos estranhos": o criador é esse "sonhador em pleno dia" que pode "dar corpo às imagens da sua fantasia"[160] apoiando os seus objetos em coisas palpáveis e visíveis do mundo real, e fazendo ressoar os tempos: "passado, presente, futuro, pois, como que enfiados no fio do desejo que os atravessa".[161] Obras, sonhos e sintomas aparecem como ocasiões heterogêneas de dar corpo e margem ao excesso pulsional pela metamorfose e pelo anacronismo. Seu destino seria fazer eclodir lugares e atar laços para o excesso graças ao poder "de alteração" do tempo e da transferência.

O excesso pulsional irredutível, próprio ao ser falante, "exige", de certa forma, a sua própria *alteração* e o seu próprio *estranhamento*. Essa geração anacrônica dos "corpos estranhos" seria então o único modo de atualização do sexual inconsciente infantil? Freud se choca muito cedo, nesse caminho, com um outro tipo de manifestações do sexual, sob a forma das "neuroses atuais" (e depois das "neuroses narcísicas"). Nessa ocasião, reata com considerações sobre a intoxicação; e ao invés de rejeitar formulações freudianas aparentemente dessuetas, é preciso aqui interrogar novamente as relações entre "o atual" e o tóxico, notadamente a partir da clínica das toxicomanias.

A toxicomania não pode, precisamente, ser entendida como uma "neurose atual", na medida em que ela comprova em ato uma experiência de destruição do tempo? Parece, com efeito, que a toxicomania empenha um outro modo de "tratamento" do excesso pulsional, fora do trabalho dos tempos e dos vestígios, assinando o fracasso do jogo das metamorfoses e aparecendo paradoxalmente como uma doença da interioridade: o real "corpo estranho" do tóxico — que incessantemente deve restaurar um corpo idêntico a si mesmo — revela-se essencialmente conservador.

Desaparecer tornando-se

A opinião de Freud quanto às "neuroses atuais" me parece, nesse aspecto, absolutamente justificada: estas não "significam" nada — a partir do momento em que são radicalmente atuais — a não ser a manifestação "tóxica" de um excesso,[162] que se entende como *a sexualidade reduzida a um tóxico*.

As neuroses atuais "devem ter razão": "seus sintomas não se deixam decompor analiticamente como os sintomas psiconeuróticos" e sua gênese é tóxica.[163] Convém aqui aplicar ao texto freudiano o paradoxo e o salto epistemológico que o próprio Freud aplicou à histeria e à hipocondria, afirmando que elas "devem ter razão" (isto é, que as modificações somáticas existem efetivamente no seu caso... mas que se trata, na primeira, de uma lesão de uma série associativa das idéias, e na segunda de uma dor ocasionada pela atividade de um órgão fálico).[164] As neuroses atuais "devem ter razão", pois a sexualidade se manifesta *como um tóxico* quando o corpo não gera mais os seus próprios lugares estranhos-íntimos através dos tempos, ou quando o corpo não é mais uma interpretação conflitual do desejo enigmático do Outro, mas se autoconserva em uma dor imóvel e muda.

Mais particularmente, o ato toxicomaníaco se torna em parte inteligível — *a posteriori* — quando analisandos (ex-heroinômanos) evocam a ameaça e o horror de uma "descarga" sexual que só é encarada sob a forma de uma descarga radical, total, na qual o ser inteiro se abismaria. O próprio sexual aparece então como o verdadeiro tóxico, que teria o poder de desintegrar e dissolver os corpos preenchidos ou esvaziados. A partir de então, o ato sexual só é encarável "sob anestesia", ou sob a condição de que o corpo possa ficar *estranho* graças ao poder de um filtro. Só a "cobertura" da droga — segundo a expressão de um analisando — permitiria que a descarga não fosse completa. Assim, o ato toxicomaníaco parece realizar uma forma de autoconservação paradoxal diante do sexual reduzido a um tóxico: como se essa "cobertura" pudesse garantir que ter ou dar uma satisfação não iria aspirar o ser inteiro no gozo, a ponto de *tornar-se* pura e simplesmente o gozo. Como se o excesso sexual não fosse mais canalizado pelo recalque nem alterado na fantasia e no anacronismo, mas absolutamente "atual" sob a forma de um convite a desaparecer, um tratamento real do corpo parece dever operar aqui para limitar o gozo. Poderia acontecer que o corpo fosse assim ameaçado pela perspectiva de uma real adequação ou pelo sucesso absoluto de uma relação sexual resultando em uma descarga total que levaria o ser?

Esse impasse evocado faz eco ao paradoxo do narcisismo: de um modo inteiramente primitivo, o eu representa essa superfície feita de amor que se elabora como o objeto da satisfação de um outro[165] e que não pode significar a sua própria existência no seu próprio terreno. De fato, o eu se torna esse corpo que, engolindo, expulsando, escutando, responde à demanda de uma "outra pessoa" e cumula a sua expectativa. Incessantemente, ele se torna o que se retorna em satisfação e em saber do outro, de modo que só pode inflar-se expropriando-se. Quanto mais ele quer se afirmar (como idêntico a essa imagem de si mesmo), mais ele se faz paradoxalmente desaparecer, pois nenhuma subjetivação poderia produzir-se nessa captura narcísica e pulsional de um corpo que continuamente satisfaz e cumula o outro, querendo ser o seu bem e satisfazendo as suas necessidades. Por uma operação lógica que supera os atores, essa superfície só poderia manifestar-se renunciando; quanto mais ela é — enquanto amada — mais ela se encontra saqueada, reduzida ao objeto do outro e entregue ao movimento de um puro *devir*. Ora, só um símbolo poderia fixar a existência daquilo que se desvanece ao tornar-se. E esse corpo só poderia salvaguardar-se atando, no conflito, esse gozo à sua própria interdição através do "corpo estranho" do sintoma ou através do deslocamento desse gozo para outros "corpos estranhos".

Esse seria o impasse narcísico que encerra o sexual na atualidade de um excesso inominável: esse eu já está sempre constituído como uma resposta que realiza instantaneamente o gozo de um Outro. É um eu sob perfusão: uma perfusão materna que faz as vezes de permanência. Ao mesmo tempo, é um eu que se esgota pagando uma dívida impagável: encontra-se constantemente creditado na conta de um Outro materno, que faz dele esse *mais*, esse *demais* e esse excesso encarnado. A dívida narcísica abre um abismo sem limites: mais ainda e mais ainda, ser e dar desaparecendo, cumular o Outro perpetuamente.

"Qual é a definição do *mais*", perguntava um analisando, "até onde isso vai? O prazer é imenso demais, não tem fim, não tem parada. Minha mãe me dá ainda esse *demais* que eu sou em troca, e o que lhe dar mais ainda? Eu recuo, mas atrás existe um precipício, ela vai me invadir... só escrevo abreviadamente..." Depois de vários anos de tratamento, agitados por passagens ao ato que interrogavam essa dívida impagável na relação com a analista, o analisando acabou dizendo que "esse demais, era um dejeto, um nada, algo inútil".

Tornar-se o bem do Outro

Nesse impasse narcísico manifesta-se a atualidade acreditada de um corpo obsceno, não atingido pela interdição, aberto a toda instrumentalização pela demanda de um outro. Do mesmo modo que do ponto de vista de uma construção analítica retroativa, "o anorético" tenta dizer "não" a essa instrumentalização do seu corpo por aquele "que quer o seu bem" (esse bem que, sempre mergulhado na lógica narcísica, continua sendo o do Outro, dizendo-se meu),[166] "as toxicomanias" constituem uma última tentativa para *fazer para si um corpo estranho* graças a uma operação auto-erótica que realiza uma *autocronia*. Assim como "o anorético" manifesta a sua recusa de engolir a fim de preservar a sua própria existência pulsional, e de resistir ao seu desaparecimento nesse fluxo de amor alimentar, "as toxicomanias" tentam a autogeração de um corpo que desejaria recompor as suas próprias bordas e o seu próprio tempo. O caráter transgressor das toxicomanias mostra notadamente em que medida é necessário para esses sujeitos afirmar um desejo próprio, sob a forma de uma aspiração ao negativo, a fim de resistir à sujeição ao "bem" de um padrão maternal. Esse Outro que, em nome do "bem" do filho, exige do seu corpo coisas enigmáticas para este, o confronta com a ameaça de ser invadido ou incestuosamente instrumentalizado.

Tornar-se o bem do Outro, no duplo sentido do termo, se entende, efetivamente, como uma ameaça de desaparecimento que o ato toxicomaníaco tenta dominar estabelecendo um verdadeiro circuito auto-erótico. Ocorre que pacientes, tendo interrompido toda absorção de droga, "recaem" às vezes na toxicomania no momento em que se manifesta, sob formas diversas, um *apelo* para satisfazer o Outro. É necessário precisar que essas práticas toxicomaníacas só surgem, muitas vezes, a partir da adolescência, quando substituem outras manifestações que põem igualmente em jogo perturbações corporais, constituindo estranhas "respostas" (anorexia, bulimia, acidentes repetidos ou doenças perigosas...).

Entretanto, as toxicomanias realizam algo particularmente insólito, pois inventam um método para *fazer um corpo estranho para si* graças à incorporação de um "corpo estranho" tóxico: aquele que incorpora cada dia, com urgência, um real "corpo estranho", parece exercer assim uma curiosa tentativa para *ser um corpo estranho*. De um ponto de vista fantasístico, engolir ou injetar-se um "corpo estranho" equivaleria aqui *a tornar-se um corpo estranho*. Por deslizamento metonímico, uma parte assume o todo (um corpo químico por toda a superfície corporal), e conjuntamente uma transferência de sentido se realiza entre os verbos que conjugam as "ações" do corpo (incorporar para tornar-se). Essa curiosa identificação visaria então a elaboração possível de um corpo circular: *tornar-se incessantemente o que se incorpora*, para que o eu tenha enfim a ilusão de encerrar-se em suas próprias bordas e resistir a uma abertura mortal. Tornar-se incessantemente o que se incorpora gera assim uma *autocronia*, isto é, um modo de tempo circular que exclui a alteridade: uma alteração sem alteridade. A *autocronia* toxicomaníaca se organiza diante do perigo e na vertigem de tornar-se incessantemente o bem do Outro, e de desaparecer tornando-se.

Essas proposições invertem o preconceito relativo às práticas toxicomaníacas que realizam supostamente uma verdadeira autodestruição. Se o analista não se deixa fascinar pelo ato toxicomaníaco e se, ao mesmo tempo, não se constitui como o destinatário de um desafio, uma dimensão de automedicação paradoxal ressoa aqui através das expressões dos pacientes. Uma tal descentralização da escuta permite então encarar esses atos toxicomaníacos como derradeiros procedimentos de autoconservação, ou como tentativas de cura. De fato, em muitas toxicomanias, tudo ocorre como se o tratamento do organismo por um tóxico representasse o único meio, sempre idêntico, para refazer a cada dia um corpo. Esse "tratamento" gera muitas vezes uma forma de sono hipnótico correlativo de um "recolhimento narcísico" ou de uma "retirada dos investimentos do mundo exterior". E essa errância sonâmbula parece unicamente perturbada pelo imperativo do tratamento da dor, que ressurgirá desde que a prótese química não assuma mais a sua função anestésica. De modo geral, é impensável expor-se ao mundo sem essa "cobertura". Como se toda excitação tomasse valor de efração, essa narcose parece regular uma "homeostase" e gerar uma "formação narcísica".[167] Essa prática de automedicação só intervém em um tempo lógico segundo, como que para remediar um excesso.

Assim como "a alma se confina no buraco estreito do molar" na dor de dentes,[168] produz-se aqui um "superinvestimento narcísico do órgão atingido" solicitando incessantemente um tratamento da dor... mas esse órgão doloroso seria aqui o próprio eu como lugar do excesso sexual. Como se, o excesso não sendo mais metamorfoseável, o recinto do eu fizesse corpo na dor de uma excitação intolerável.

Um puro devir circular

Se o "veneno" não é mais do que um "remédio" nessas paixões toxicomaníacas, não é mais possível reduzir estas últimas a simples usos de substâncias tóxicas. Sabe-se, aliás, que os efeitos dessas substâncias não obedecem a um princípio racional: a incorporação de simples placebos pode gerar um estado de "dependência toxicomaníaca" e, conjuntamente, a parada da absorção de drogas "pesadas" pode, em certas condições, não produzir nenhuma "síndrome de abstinência". Além de todo princípio de causalidade fisiológica, importa então evidenciar a estrutura de ambigüidade e de reversibilidade do *pharmakon*, esse outro nome do tóxico na "farmácia de Platão".

Interrogando as características desse *pharmakon* no *Fedro* de Platão, Jacques Derrida constata que ele não tem essência estável e em nenhum caso é redutível a uma substância.[169] Esse *pharmakon* não poderia, aliás, exercer efeitos unívocos, e se apresenta sucessivamente como um remédio ou como um veneno: "A característica do *pharmakon* consiste em uma certa inconstância, uma certa impropriedade, essa não-identidade a si permitindo sempre estar voltado contra si."[170] Essas reflexões filosóficas concordam, aliás, com as considerações de farmacólogos, principalmente com as de Cullen — no século XVII — que também apresenta o *pharmakon* sob a forma de um agente que encerra em si mesmo o seu próprio contrário.[171]

Inspirando-me nessas diversas observações, e querendo diferenciar os simples usos de drogas dessa tentativa de autoconservação paradoxal que é a toxicomania, propus referir esta última a uma *operação do pharmakon*.[172] De fato, o que parece nas toxicomanias bem mais essencial do que a ação específica de uma droga, é essa operação que inventa um curioso estatuto auto-erótico e auto-referencial de um corpo entregue a um imperativo de autogeração cotidiano, graças à intervenção de um "corpo estranho" que garante uma supressão tóxica da dor e a restauração de uma forma de homeostase na *autocronia*. Graças a essa operação, a percepção dispõe então de um campo contínuo, no qual uma coisa chega ao seu próprio contrário, logo que toda diferença se absorve na reversibilidade. Esse corpo circular posto em jogo pela *operação do pharmakon* abole os sistemas de oposições distintivas: ele não está nem fora nem dentro, não é nem homem nem mulher, nem ausente nem presente, não conhece o dia nem a noite, ou antes mistura cada coisa ao seu próprio contrário.

A operação do pharmakon realiza uma insólita continuidade de si para si a partir do momento em que se manifesta uma relação de equivalência sem ruptura entre um tratamento do organismo e um tratamento do excesso pulsional: nenhuma perda afeta esse corpo circular, reversível e atual. E essa operação parece conservar ainda a memória congelada de um laço impossível. Respondendo com um *pharmakon* a um tóxico, ou opondo um princípio auto-erótico e autocrônico a uma primeira *ameaça de puro devir, a operação do pharmakon* se aparenta a uma tentativa de cura pelo mal que, segundo Jean Starobinski, "volta o mal contra si próprio" quando "vem um tempo em que o mal é tal que as causas que o fizeram nascer são necessárias para impedi-lo...".[173]

Entretanto, essa operação fracassa na maioria das vezes, pois ela reconduz, na verdade, a alienação que ela queria impedir: investindo sempre diretamente a superfície corporal para tentar circunscrever o gozo, ela atualiza ainda mais um enlace impossível com o eu, mobilizando uma nova coincidência entre o corpo e o que tenta significá-lo.

A invenção toxicomaníaca se gasta ao longo do tempo e não consegue separar verdadeiramente os corpos; é por isso que ela se conjuga freqüentemente ao exercício de uma violência que leva muitos toxicômanos ao hospital ou à prisão. Psicopatia? Delinqüência? Tendências suicidas? Nenhum desses termos pode restituir a lógica e a razão desses atos. Importa, antes, entender a maneira pela qual eles se constituem como respostas maciças e imediatas a uma questão informulável, a própria questão do *devir*: "Devo desaparecer para que meu lugar seja conservado? Como dar o que me apaga?" Roubar um carro e dirigir de olhos fechados na avenida, naufragar em comas repetidos, cair, fraturar-se, ter sempre que roubar dinheiro e objetos até ir para a cadeia... Todos esses atos constituem respostas diferentes para a urgência da questão evocada, e cada um deles testemunha o impasse no qual se fere um corpo que se obrigou a doar o impossível e que só pode subsistir desaparecendo.[174] O excesso procura um corpo... e uma parada.

Um corpo a ser refeito todos os dias

O próprio ato toxicomaníaco representa apenas um aspecto dessa lógica de um puro devir, à qual o corpo parece entregue, desconhecendo as dimensões da ausência e da presença, assim como a diferença entre o ser e o ter. Esses pacientes — cujo mundo durante um certo tempo confinou-se inteiramente em torno da *operação do pharmakon* — são, de algum modo, semelhantes a Bartleby, o herói de Melville, que "*prefere não...*" na medida em que a impossibilidade da ausência acarreta a vertigem de um *devir sem cessar.*[175] "*Prefiro não...*" é a fórmula devastadora de Bartleby, que esgota a linguagem, proferindo uma negação sem objeto particular... uma negação geral que aniquila todas as diferenças e as referências, até reduzir Bartleby à imobilidade: ficar de pé, silencioso e petrificado, diante de um muro cego... A fórmula de Bartleby, radicalmente auto-referencial, tenta deter o movimento de um puro *devir*, fazendo dele um homem sem nenhuma particularidade, e contaminando progressivamente o mundo com a impossibilidade. De fato, copista do seu estado, Bartleby tornou-se o fantasístico homem de confiança do narrador: *o seu* homem...

Bartleby só parece poder afirmar a sua existência sob a forma de um "*prefiro não...*" (copiar, conferir, executar uma tarefa etc). E o seu espaço encolhe então como uma "pele de asno" na atualidade de uma recusa sem objeto verdadeiro e de uma retirada incapaz de ódio. O dispositivo romanesco fornece aqui a lógica desse *devir*: ele só pode se desenrolar no encontro entre Bartleby e o narrador, homem da lei que não pode mais sustentar nenhuma lei. Este se torna ele próprio o autor das "memórias" — sem história — do seu copista. "Homem sem qualidade", Bartleby se parece então com um ser instantâneo, sem passado nem futuro, em vias de petrificação, que surge na confusão das memórias como um sonâmbulo cujo corpo é o tempo de uma hipnose.

Essa evocação pode parecer curiosa aqui, no momento em que se trata de abordar a lógica dos atos toxicomaníacos, que se encaram mais habitual e classicamente sob a forma heróica de uma corrida desesperada para o reencontro de um momento de êxtase, o famoso "flash" que a droga supostamente revela e que o toxicômano desejaria reproduzir continuamente, à custa da dissolução de qualquer outra busca e do rebatimento de todo desejo sobre a necessidade. Mas isso é muito mais do que uma necessidade, pois essa operação representa, de certa forma, a colocação em jogo de uma nova "função de órgão", e ela inventa uma condição de autogeração do corpo. Aquele que só pode satisfazer e satisfazer-se desaparecendo, aquele que só pode manifestar-se omitindo-se — para tentar não ser reduzido ao objeto do outro —, é tomado pela vertigem de uma aspiração para o negativo: não estar ali estando, não ocupar um lugar discernível no tempo...

Quanto ao "flash", ele apenas figura uma miragem... Seria comparável ao canto das sereias, que, segundo Blanchot, "desperta no homem o prazer extremo de cair, que ele não pode satisfazer nas condições normais da vida".[176] Esse canto, já passado mas por vir, conduzia os navegadores "para aquele espaço em que o cantar começaria verdadeiramente (...) mas uma vez atingido esse lugar, o que aconteceria? O que era esse lugar? Aquele em que só restava desaparecer (...). O encantamento, por uma promessa enigmática, expunha os homens a ser infiéis a si mesmos, ao seu canto humano e até à essência do canto, despertando a esperança e o desejo de um além maravilhoso, e esse além não representava mais do que um deserto, como se a região-mãe da música fosse o único lugar completamente privado de música, um lugar de aridez e de secura, onde o silêncio, como o ruído, queimasse, naquele que tivesse tido essa disposição, toda via de acesso ao canto".[177]

O ato toxicomaníaco, despertando a esperança de um gozo imediato, encontra-se contaminado pela lógica do *puro devir* — tornar-se o que cai, o que se esvai, o que se dissolve — enquanto tenta, entretanto, circunscrever ou reter o corpo no auto-erotismo e na *autocronia*. As toxicomanias inventam esse novo estatuto de um corpo circular, que desejaria instaurar uma real continuidade de si para si mesmo, assim como a perspectiva do reencontro de um idêntico excesso de gozo. Ao mesmo tempo limitando ou auto-erotizando a sua vertigem, a *operação do pharmakon* contaminada pela lógica do puro *devir* se esgota nesse retorno incansável do idêntico que não é mais do que um "deserto", e esse corpo deve ser refeito todos os dias, sem descanso, pois ele não tem nem presença, nem ausência, nem permanência.

Uma formação de multidão a dois

O *princípio do pharmakon* abole a perspectiva do desconhecido e a mobilização do enigma, pois o excesso e a imediatez das respostas do corpo anulam sempre o tempo articulado da questão. Assim, o analista desejaria tornar a memória estranha, abrindo o momento do enigma e da questão, para diferir o da resposta.

Seria preciso então atribuir ao excesso a figura de uma transferência? Sim, mas antes... muitas vezes não há ninguém no encontro, em todos os sentidos do termo, pois estar ali equivale a não estar ali. Ou ainda, a palavra "sob cobertura" se faz absolutamente "não particular", tão normal... ou não podendo decidir entre o verdadeiro e o falso, entre o que pertence ao outro ou a si. E paralelamente se exerce às vezes a obrigação de *não* fazer uma escolha particular, nem ocupar um lugar no tempo, como se isso devesse trair um certo laço de pertinência, um pacto de não-existência particular...

Contra toda identidade, um princípio de reversibilidade se encontra assim incessantemente posto em jogo no encontro com o analista até... até que um ato de fala faça por vezes uma parada, e abisme desta vez o corpo em uma questão sem resposta. Uma parada que não corresponde sempre imediatamente a um desaparecimento de absorção da droga, porém, mais precisamente, à interrupção parcial de uma hipnose — lugar próprio do tóxico, segundo certas formulações de Freud — da qual a *operação do pharmakon* é apenas uma forma de substituto. De fato, esta poderia apenas congelar ou circunscrever a cena de um acesso, de um entorpecimento ou de uma dissolução que já teve lugar, reduzindo o sexual a um tóxico.

"Enquanto o hipnotizado se comporta diante do mundo exterior como um adormecido, isto é, desvia dele todos os seus sentidos, ele está *acordado* diante da pessoa que o mergulhou na hipnose, só ouve e vê a ela, compreende-a e lhe responde."[178] Acrescentarei, transpondo essa asserção freudiana para o campo das toxicomanias: ele lhe responde sem saber a quem responde, em ato, como um sonâmbulo, e sem que "o hipnotizador" possa, ele próprio, se reconhecer como tal, pois ele é uma instância mítica, tanto quanto uma pessoa. Freud fala ainda de uma espécie "de adicção à hipnose", [179] e mais tarde chamará essa relação (protótipo da paixão amorosa) de "uma formação em multidão a dois",[180] que conserva, de certa forma, um excesso sexual em corpos com as memórias confundidas. Assim, o verdadeiro "tóxico" não está onde se pensa...

Imaginemos um corpo que teria há anos caído no abismo temporal de uma formação hipnótica, não tendo elaborado as suas próprias "teorias" nem seus próprios "romances". Em uma perspectiva freudiana, trata-se, evidentemente aqui, das "teorias" enquanto "sexuais infantis", e dos "romances" enquanto "familiares", nos quais se elaboram os corpos no espaço e no tempo do segredo. Imaginemos esse corpo sempre já capturado em uma "formação de multidão" ou de "massa" narcísica (na qual o objeto pulsional e o ideal do eu são confundidos, segundo Freud). Trata-se de "neurose atual", com efeito, pois as condições de uma transferência são precisamente abolidas, quando "tudo é posto na conta de outra pessoa" reduzida à imagem de um hipnotizador, cujo desejo enigmático não pode ser "interpretado" pois é projetado na dimensão de uma demanda imperativa.

É realmente para uma tal ficção que convida a prática clínica com os pacientes toxicômanos, na qual uma certeza desencadeia sem cessar em atos uma resposta maciça do corpo, sonâmbulo e sem mediação. Só um exílio poderia significar o futuro anterior do corpo, para que ele se decline enfim em um necessário mal-entendido: trata-se de escavar a distância graças à qual ele não poderia reunir-se a si mesmo nem responder adequadamente. E esse exílio passa por uma separação das memórias, isto é, pela construção de "teorias" e de "romances" em que o sexual encontra justamente o seu lugar de elaboração, pela invenção fantasística de "corpos estranhos", no ponto em que se multiplicam na contradição os tempos e os lugares do corpo, graças a uma colocação em perspectiva do enigma.[181]

O tratamento analítico se entende então como trabalho de (re)mobilização de um recalque que torne enfim inacessível esse lugar enigmático de um saber inconsciente que o corpo se torna quando se altera na transferência, tal como um ato de memória felizmente inadequado: trabalho de costura ou de entrelaçamento do gozo com a sua própria interdição, que interrompe o fluxo de um puro *devir* para desencadear o tempo das metamorfoses. Em primeiro lugar, o tempo das metamorfoses seria aqui o movimento de transformação dessa "formação narcísica" que é a toxicomania em formações de sintomas no tratamento, a partir do momento em que o analista se torna essa *outra pessoa* na conta de quem o excesso é colocado. Essa *outra pessoa*, que não é o hipnotizador, dá *lugar* e *laço* — nomeando-as — às encenações anacrônicas de questões e respostas ao enigma do seu desejo.

Todas essas asserções não poderiam fornecer uma definição da "toxicomania", isto é, dessa entidade autônoma que reflete mais um imperativo social de representação do "drogado" do que uma real pertinência clínica, e que se congela na maioria das vezes sob a forma de clichês ou de quadros de toxicômanos. Os psicanalistas estão certamente convidados a um trabalho de esquecimento dos saberes constituídos em torno da "toxicomania", se não quiserem reencontrar ao fim de sua intervenção aquilo que eles tinham suposto no início: mitomania, perversidade, inacessibilidade à transferência... Aqui, o tempo da transferência será o lugar onde se decompõe e se deforma o estereótipo da "droga", a fim de que expressões "estranhas" instaurem mais precisamente os tempos da transferência.

A bulimia e o tempo canibalesco

> *"Quando os substantivos e os adjetivos começam a se derreter, quando os nomes de pausa e de repouso são arrastados pelos verbos do puro devir e deslizam para a linguagem dos acontecimentos, toda identidade se perde para o eu."*[182]
>
> Gilles Deleuze

Fazer-se alimento para o Outro

Da primeira sessão, resta-me a lembrança de um único tropeço que fez vacilar o seu olhar: um tropeço no verbo "alimentar". Tratava-se então de alimentar incessantemente a sua própria imagem sob os olhos de outrem, como que para impedir, precisamente, essa imagem de desaparecer. Simultaneamente, tratava-se da sua bulimia, respondendo à necessidade vital de preencher (ou de alimentar?) um vazio doloroso nela... As sessões seguintes precisavam a maneira pela qual essas duas alimentações eram inoperantes e anulavam-se reciprocamente, pois um imperativo de eliminação não deixava nunca de surgir: uma vez consumido o alimento, Alice se sente eliminada por olhos fixados sobre ela. Imagina nesse lugar o olhar dos homens que a julgam. Alice utiliza, aliás, o mesmo verbo para descrever essas relações com os homens: ela trata de "eliminá-los um por um, pois eles não me saciam, diz ela, então por que não comer?"

Por ocasião desse encontro na sua fala entre "comer" e "ser vista", compreendi ao pé da letra a sua fórmula: "Quando como, não sou visível." Se sua imagem deve se encontrar incessantemente alimentada, comer a deixa porém de-frontada, como se ela consumisse então a sua própria imagem. Alice seria continuamente engolida ao engolir, eliminada ao eliminar? "Engolir" elimina a imagem como se esse verbo, atravessando o corpo, atualizasse simultaneamente as suas formas ativa, passiva e pronominal: engolir = ser engolida = engolir-se a si mesma. Assim acontece com os verbos do puro devir circular.

A colocação em ato dessa permanente reversibilidade vinha muitas vezes esmagar a sua fala em uma mesma evidência: "... então, não me resta mais nada". E as violentas crises de bulimia lhe davam pouca trégua para realizar o seu trabalho universitário, que "não a absorvia suficientemente". "É preciso preencher sem cessar um vazio para que eu me sinta existir", diz ela... mas "esse buraco é sem fundo, pensava eu, pois nas suas entranhas mora a imagem de uma mãe esfomeada que devora tudo, uma mãe fora do desejo". Ela repete, efetivamente: "Não me resta mais nada... tudo o que faço é para satisfazê-la; se ela morresse só me restaria desaparecer."

Não lhe "resta nada", mas ela continua fiel às suas sessões, e talvez precisamente ela se faz *o que resta...* Ela virá, de um certo modo, ao longo dos meses, *fazer-se alimento* para o Outro, até reconhecer nessa fórmula a sua posição, até detectar os momentos da sua existência em que ela está "no seu normal"* ou no de um outro.

Outros estratos temporais virão recobrir e modificar essas primeiras seqüências. A composição singular de "ondas sucessivas", essencial ao processo analítico, realiza assim um lento trabalho de ligação entre diferentes estratos psíquicos. Como e por que deter-se então em um quadro clínico da "bulimia", a não ser quando um analisando se faz a si mesmo "quadro" para o analista, tendo assim constituído uma "armadilha para o olhar" na transferência? O devir posto em jogo na lógica da alimentação-eliminação não pode durante muito tempo ser pensado fora da perspectiva do devir no tratamento, incluindo os lugares e os trajetos do analista e do analisando.

Ao mesmo tempo em que se acha necessariamente imobilizado na transferência em diferentes configurações fantasísticas, o analista permanece nessa distância, que permite que se desenhe uma perspectiva e que se abra um tempo para os objetos. Esses objetos que, segundo a expressão de Francis Ponge, estão "fora da alma" e que entretanto "são também o juízo na nossa cabeça":

"O homem é um corpo esquisito, que não tem seu centro de gravidade em si mesmo.

Nossa alma é transitiva. Tem necessidade de um objeto, que a afete, como seu complemento direto, imediatamente."[183]

Esses versos de Francis Ponge poderão ser aqui um eco feliz à experiência analítica: o centro de gravidade de um corpo não é primeiramente um objeto parcial, instável e destacável que o afeta e com o qual o sujeito se identifica inconscientemente? Se o trabalho analítico visa o

---

* A expressão em francês é "dans son assiette". A palavra *assiette,* que significa "equilíbrio", mas também "prato", evoca o verbo "comer". (N.T.)

destacamento desses objetos, nem por isso cada tratamento deixa de representar o lugar do desenrolar de insólitas montagens pulsionais, instaurando uma maneira singular de *constituir* tempo e superfície. É preciso então que apareçam objetos "inengolíveis"!

O convite para desaparecer

A história se fossiliza às vezes em impasses narcísicos que destroem o tempo identificante e desencadeiam o movimento de um puro devir circular... Esse é o destino de um corpo que só pode se apreender em imagens que o eliminam, e cujos espelhos destroem o tempo.

As identificações narcísicas desencadeando movimentos de puro devir circular se inspiram às vezes na lógica implacável da "primeira fase oral da organização da libido, na qual se incorporava, comendo-o, o objeto cobiçado e apreciado, e assim aniquilando-o enquanto tal".[184] Nessa figura, o corpo está, de certo modo, destinado à *autodestruição do seu objeto* para conservá-lo. Ele repete assim o circuito de uma incorporação aniquiladora: engolir incessantemente o objeto amado e assim destruí-lo equivale a tornar-se mais e mais esse objeto engolido e aniquilado. Nem presente nem ausente, o objeto só consiste em uma passagem evanescente para reconduzir incessantemente, e o destino do eu se assimila ao do objeto: desaparecer tornando-se. Tornando-se sem cessar um objeto que, por isso, se suicida: tal seria o movimento de um corpo cujo tempo se encontra, de certa forma, destruído. Se essa lógica se autonomiza e resulta prevalente, o único meio de conservar o objeto seria então *tornar-se esse objeto* sem cessar, aniquilando-o, ao invés de perdê-lo para reencontrá-lo diferente e destacado.

Um tempo que não passa se encarna aqui na figura infernal de um puro devir circular. E o que, de fato, não passa, é o próprio modo da passagem desse tempo canibalesco: a passagem (incorporação-aniquilação) só pode reproduzir-se sem cessar, não tendo a capacidade de gerar um resto que possa constituí-la como passado. Seria essa uma operação sem resto, que relança sem cessar um puro devir circular? O objeto não teria o estatuto de um resto inassimilável que provoca e habita uma distância, uma diferença, e instaura assim um tempo que passa. Na pura lógica das identificações orais narcísicas, a função do objeto parece posta em xeque pela sua própria passagem evanescente. E o apelo do vazio assim criado pela ausência de resto suscita o movimento de um eterno recomeço.

A bulimia pode constituir uma das respostas possíveis à ação desse tempo canibalesco ou a esse apelo do vazio, na medida em que ela realiza esse tempo e o atualiza em "crises" que mantêm esse laço paradoxal com o objeto em uma formação narcísica. Assim, ela dá corpo a esse impasse que caracteriza o laço com o objeto e o reproduz em um circuito auto-erótico.

Aqui, o tempo não passa, como em um jogo de tabuleiro em que dados viciados reconduziriam sempre o jogador à "casa de partida", pois ele sempre cairia no "poço", no poço sem fundo do materno que é o Mesmo aniquilador. Lei de ceva e lei canibalesca: volte para onde você veio pois a Mãe deve reintegrar o seu próprio produto! Engula, e assim você será mais uma vez consumido! O devir se esgota num convite a desaparecer em um incesto alimentar, por amor do Mesmo que te gerou.

Ocorre que essa lógica do puro devir circular pode coexistir com a ordem da repetição sem cruzá-la, gerando formações narcísicas que parecem desfazer regularmente o que se ata paralelamente de modo neurótico. Um dos móbeis do tratamento analítico não seria então remobilizar esse cruzamento, e desorientar uma lógica circular pela instauração de uma temporalidade própria ao tratamento?

Diante das lógicas do puro devir circular, em que a devoração do objeto parece destruir o tempo identificante, as montagens do tratamento devem substituir equivalências por seqüências e reversibilidades por percursos. Mas por que analista e analisando não ficariam capturados nessas montagens? Por que a circularidade não se instalaria também no tratamento? Parece que nenhum tempo instaurador, e ao mesmo tempo nenhum "tempo para compreender", poderia intervir no tratamento, se o analista não pudesse fazer ato de antecipação, notadamente pelo recorte de seqüências lógicas, no ponto em que parecem reproduzir-se ao longo dos meses os mesmos circuitos do impasse. Essas seqüências comportam ao mesmo tempo um percurso do analisando e um trajeto do analista, incluindo as "teorias" deste último na construção.

O espelho oral

"Quando eu me olho, é minha mãe que vejo... Não tenho direito à existência... Onde ela está, eu não estou..." E ainda: "O que acontece com uma afeta a outra. Se eu contasse a minha história, seria a sua... Ela me absorve."

As crises de bulimia se desencadeiam sempre aqui em momentos em que se produz um rebatimento violento da imagem da mãe sobre a imagem do eu. O rebatimento dessas duas imagens uma sobre a outra esmaga a presença ou a ausência do objeto e eclipsa o lugar do sujeito, deixando um órgão encenar a reversibilidade entre os corpos. Esse processo sobrevém particularmente quando a analisanda corre o risco de ser satisfeita e de *ter* prazer, principalmente com um homem. As crises de bulimia parecem comemorar e assinar repetitivamente o fracasso da separação do seu próprio gozo e do gozo de sua mãe. Essas crises parecem expressar a memória em ato de uma confusão dos corpos.

Nenhuma história parece então poder constituir-se e contar-se nesses períodos em que o tempo bascula em um *espelho oral*, desencadeando um convite a desaparecer. Espelho oral: invaginação da imagem do eu, submergida pela miragem de um Outro materno, que nunca remete uma imagem associada a uma palavra e a um desejo, mas que absorve os objetos imantados pela sua própria imagem. Esse espelho oral, correlativo de um tempo canibalesco, se realiza na figura de um "olhar que elimina". A bulimia pode então entender-se como uma tentativa de resposta auto-erótica à miragem de um Outro devorador ou canibal: absorve-se para não se ser totalmente absorvido, participando fatalmente por isso mesmo do grande festim de que se é objeto. É preciso realmente, para não desaparecer na aspiração do Mesmo materno, preencher sem cessar o corpo com conteúdos, a fim de experimentar assim o seu vazio e a fim de que subsistam as bordas ou um continente. Mas no círculo alimentar do amor e do ódio, essa atividade se transforma em: "tornar-me eu mesma grávida de minha mãe, que deve ser nutrida sem cessar pela minha própria existência". E esse puro devir circular e canibalesco substitui assim um tornar-se mulher. Através de cada crise, a Mãe reintegra o seu próprio produto: é a filha que engole, mas, no mesmo ato, é a mãe que torna a engoli-la.

Quando os objetos são continuamente aspirados em um espelho oral e quando "amar-ser amado" se esgota em "devorar-ser devorado", então nada poderia ser conservado. O que faz com que alguma coisa reste e que um tempo possa organizar a relação do sujeito com o objeto? O que faz com que os objetos não sejam levados nesse fluxo das imagens investidas pelas pulsões parciais no quadro de uma relação narcísica? Seria necessário que um tempo identificante reerguesse um espelho plano: uma superfície refletora, um espelho simbólico constituído por uma rede de significantes, da qual se destaca um olhar que não elimina. A esse respeito, pode-se evocar a função do "face a face" prolongado, nesses tratamentos em que a fala quer primeiramente se refletir em um rosto, até que seja possível "perder de vista", a fim de que um olhar habite a fala e o silêncio.

Para que alguma coisa reste, não é preciso já poder apreender-se como um resto? E primeiro como o resto ou o produto de uma relação sexual, a fim de que um corte passe entre o corpo materno e o corpo do filho. Esse processo — que toma às vezes um tempo considerável na análise — não se realiza sozinho, pois é correlativo de uma outra experiência do resto: no tempo da fala, a identificação com o resto de uma divisão subjetiva, isto é, com o resto produzido no intervalo entre os pares ou as séries de significantes que se articulam deixando correr sob eles uma falta em que o desejo do sujeito pode se insinuar. Fazer-se resto — por falta e por desejo — seria o que torna possível ter alguma coisa que reste. Então o eu e o mundo podem se povoar de restos, de objetos-restos e de substitutos, penetrando no vazio deixado pela incorporação aniquiladora do objeto.

No tratamento analítico, para que se desencadeie o tempo das substituições, no lugar de um puro devir circular, isso passa pelo filete da voz. Nem sempre há voz quando alguém fala... Assim como um olhar não pertence exatamente àquele que é a sua fonte, a voz — outro objeto-resto pulsional — surge no encontro e na distância entre um e o Outro. É essa ainda uma articulação temporal, que dá lugar ao corpo pulsional, diferentemente da imediata captura das imagens.

"Eis, por exemplo, que uma voz corporal começa a ressoar; ela ressoa e ressoa ainda e deixa de fazê-lo; já é silêncio, essa voz passou, não há mais voz. Ela era futura antes de se fazer ouvir, e não podia ser medida, pois ainda não era; e agora ela não pode sê-lo, já que não é mais."[185]

A voz, que só pode ser apreendida como perdida e que se faz suporte da experiência do resto na fala, ata o oral ao acústico. Com ela, uma sílaba só pode fazer-se ouvir após uma outra, e com ela se temporaliza o corpo na fala. O fato de que a fala não seja consumida na pura compreensão permite então que se inicie o tempo das substituições, para pôr em xeque o apelo do vazio. A voz poderia assim dar um tempo aos espelhos? Evidentemente, a voz não basta: ainda é preciso que ela ressoe com um espelho movediço. Pois o espelho oral absorve tudo o que poderia ser refletido para reduzi-lo a nada, e realizar ainda um convite a desaparecer: perder o seu rosto, perder o seu lugar, ser excluída...

Eis uma ficção inspirada na voracidade desse espelho oral: a imagem refletida pelo espelho não voltaria para o corpo da filha, mas para o da mãe. A imagem não voltaria para a filha, na medida em que ela é atribuída, na fantasia da mãe, a um lugar de imagem parcial desta última. Produzir-se-ia como que um rapto de imagem. Entre a mãe, a filha e o espelho, deve haver um *total de três*, a fim de que a filha não seja reduzida às dimensões da réplica e do dublê: *totalizar três*, a fim de que a sua imagem e as suas falas não sejam imediatamente absorvidas em um "é como eu" da mãe. A abertura de um *tornar-se mulher*, correlativo de um *tornar-se semelhante e estranha*, advém em uma relação com o espelho que se elabora em uma montagem a três: para que a mãe não venha ser uma tela entre o espelho e a filha, mas oriente esse espelho com suas falas e seu desejo, de tal modo que ele reflita a filha. Para que a sombra da mãe não recaia sobre o eu, um espelho sonoro deve manter a distância entre os corpos. Encontrar-se excluída de um espelho a três deixa às vezes apenas uma saída: devorar a sombra da mãe.

O espelho oral põe em ação um olhar que elimina, e desencadeia uma série de acontecimentos em um tempo canibalesco: ser excluída, ser *de mais*, engolir *demais*, tornar-se esse *demais* incorporando-o e ao mesmo tempo tornar-se esse *demais* a ser eliminado, que é também a sombra da mãe.

Essa ficção faz eco à instalação do analista como espelho movediço e sonoro: logo que o analista se afasta desse lugar, o corpo parece abandonado e volta ao circuito de uma incorporação aniquiladora. Se uma fala do analista se afasta desse dispositivo ótico e acústico de um espelho sonoro e movediço, produz-se uma brusca "parada na imagem" e uma entrada na sombra, como se, por essa fala, *tudo estivesse consumado* e ela convidasse, por isso mesmo, a desaparecer. Esse frágil dispositivo ótico e acústico da sessão empenha para o analista uma presença refletora, que não pode relaxar a sua tensão.

O *ser a mais* ou o *ser demais* vem assim dramatizar-se no tratamento em um momento crucial: completamente identificada com um peso que deve desaparecer, a analisanda pode começar a excluir-se de suas próprias sessões. E o fato de que esse apelo seja ouvido pelo analista decide a travessia desse plano de identificação com o *demais*, que deve ser eliminado. *A bulimia deve ter razão*, diria talvez Freud: há realmente um peso a mais, e é essencial reconhecer isso! Entretanto, não é que esse corpo *tenha* um peso a mais, mas ele o *é*: ele se constitui como *sendo* o peso a eliminar.

Essa identificação inverte todas as manifestações da demanda ao Outro, de tal modo que a única maneira de tentar aproximar-se do Outro será afastar-se dele, e alguma coisa só poderá ser demandada sendo previamente apresentada como excluída. Todo apelo ao outro se manifesta pela apresentação de um impossível ou de uma desistência, e o aniquilamento nesse drama da exclusão será reproduzido se o Outro não adivinhar o avesso e a verdade dessa proposição negativa. Dispondo, nesse momento, apenas de um espelho oral e não de um espelho plano, o sujeito não poderá, na maioria das vezes, detectar esse processo no qual ele se autodestrói e se condena a *ser o peso a mais* em suas relações com os outros, se o analista não o nomear a tempo.

Inventar figuras para as passagens

As "teorias" do analista, necessariamente suscitadas de uma nova maneira em cada tratamento, não representam, evidentemente, puros suplementos de pensamento, mas formações próprias a cada análise, que não poderiam assim erigir-se como tal em sistema de pensamento, nem autoconservar-se verdadeiramente. Com efeito, uma estrita autoconservação só poderia imobilizar o processo analítico, que exige finalmente a ação da "passageiridade": abrir incessantemente passagens para os pensamentos, tornadas praticáveis pela função do efêmero. Esses pensamentos passageiros seriam precisamente — logo antes de desaparecer — suscetíveis de entender "a atual superfície psíquica" ou "a força pulsional atual" com a qual, segundo Freud, nós devemos trabalhar.

As "teorias" são psicanalíticas na medida em que têm o poder de deixar transformar-se a escuta do analista, e ao mesmo tempo a fala do analisando. Elas permitem a entrada da clínica no tempo psicanalítico, ou a sua transposição para uma ficção teórica capaz de fazer ressoar os tempos psíquicos. Ocorre que certos tratamentos que põem em jogo impasses narcísicos não podem se realizar sem essa colocação em jogo incessante e renovada de ficções teóricas, que permitem que os tempos da escuta e da fala não sejam destruídos.

Um corpo de pensamentos se elabora durante vários anos entre o analisando e o analista, e o que advém desses pensamentos intermediários já que seu tecido se acha continuamente remanejado? Não pertencem eles a essa memória errante e muitas vezes não-sabida do tratamento, cuja eficácia não é outra senão a mobilidade? As teorias passageiras e silenciosas do analista constituem apenas um aspecto desse corpo de pensamentos em funcionamento, mas elas representam muitas vezes uma das condições do desenrolar de um tempo singular próprio a cada tratamento. Essa atividade teorizante do analista no tratamento pode apresentar-se sob a forma de uma série de proposições silenciosas, irrefletidas e passageiras, que mobilizam o laço transferencial e suscitam novos tempos de reescrita da história. O que Freud dizia a respeito da "construção" também vale para esse alicerce silencioso e movediço: o que indica que a construção é correta, é que ela gera ainda no analisando "novas lembranças que completam e alargam a construção".[186] Mas, também aqui, sem que se possa gozar de nenhuma verificação, o processo analítico implica, antes, que a história não cessa de se recompor, graças a cruzamentos e conexões operados nas redes associativas.

O que são esses cruzamentos e esses tempos de reescrita da história, chamados a desorientar a lógica do puro devir circular? A aparente pobreza do discurso, a dificuldade de associar livremente, e mesmo o que se chamou "ausência de fantasiar", a propósito dos pacientes que não param de agir, são os estereótipos de um certo discurso analítico que não parece tomar o tempo de entender a lógica do desenrolar dos estratos psíquicos. A fantasia inconsciente não é devaneio, mas seqüências-permutações e retornos pelos quais se edifica a identificação inconsciente do sujeito com os objetos, em uma construção que pode tomar todo o tempo do tratamento. Em outras palavras, a montagem da fantasia não é de forma alguma redutível a uma "visão" comentada: antes, ela é implicada pelos tempos das frases e das fases que a compõem. Ela representa assim um entrelaçamento do tempo e das imagens por uma colocação em perspectiva.

Evoquei a coexistência da lógica do puro devir circular com a ordem da repetição, a primeira gerando "paradas na imagem" em um tempo canibalesco que parece dissolver o que se ata paralelamente de um modo neurótico. E acrescentei que um dos móbeis do trabalho analítico seria remobilizar esse encontro ou esse cruzamento entre essas duas temporalidades. De fato, esse acontecimento provoca um encontro da linguagem própria à identificação canibalesca com o materno, com a dimensão do desejo paterno. Como se esse cruzamento desse enfim lugar ao sexual, a palavra parece liberada da sua imobilidade. E por exemplo, a queixa de um "tornar-se grávida" (de minha mãe a ser destruída/nutrida pela minha própria existência) pode um dia vir tropeçar em outra fórmula desse devir, tomando o mesmo adjetivo, mas desviando-o em direção a uma ótica edipiana (ser minha mãe grávida = estar grávida do irmão, pelo pai). Um lugar estável só parece poder construir-se, paradoxalmente, na fantasia, com a condição de que sejam mantidas simultaneamente todas as contradições, ou com a condição de que seqüências da fantasia venham cruzar, tomar e limitar as precedentes: aqui se realizaria um entrelaçamento e uma retomada do devir circular pela ótica edipiana.

O que importa é realmente o tempo de desenrolar dos diferentes estratos psíquicos e seu entrelaçamento no instante de um ato psíquico (sonho, ato falho...). Evidentemente, é *a posteriori* que é possível supô-lo, pois ocorre que tempos de reescrita da história podem se desenrolar graças a esses cruzamentos, quebrando a certeza de uma "versão oficial" da queixa e deixando subitamente surgirem elementos essenciais da história que — às vezes durante anos de tratamento — eram considerados inexistentes. Entretanto, tais momentos de reescrita da história não se apresentam somente como as conseqüências diretas da realização de cruzamentos fantasísticos detectados no movimento das associações da fala: o entrelaçamento de diferentes estratos, ou de seqüências psíquicas, se efetua verdadeiramente graças à produção de figuras, equivalentes a figuras oníricas. Evoco neste ponto "o equivalente" de uma figura onírica — embora o próprio sonho seja provavelmente o lugar privilegiado desse entrelaçamento — porque é preciso às vezes esperar vários anos nesses tratamentos, para que um verdadeiro relato de sonho possa ser trazido e trabalhado na sessão. Antes, podem apresentar-se relatos de incidentes aparentemente anódinos da vida cotidiana, encenando laços entre diferentes personagens e constituindo precisamente figuras em que se desenrola um campo de olhar que não elimina. É até o caráter um pouco gratuito e desconectado dessas "amostras" perceptivas que chama inicialmente a atenção, deixando apreender o seu estatuto psíquico singular, testemunhando o encontro entre percepções atuais e a colocação em jogo de atividades pulsionais: o que vem às vezes, de modo inesperado, entender-se como a abertura de uma perspectiva na qual surgem objetos (vozes, olhar, restos...), e em que o analisando se apresenta como espectador de uma cena anódina. Como no sonho, "restos diurnos" parecem mobilizar "substitutos de cenas infantis modificados pela transferência para o recente".[187] A transferência age realmente ali como o equivalente de um processo de formação do sonho, no sentido em que o desejo inconsciente se transfere para representações anódinas da véspera e se traduz nelas. O tratamento pode então, de certa forma, tornar-se um "aparelho para sonhar", pelo qual um analisando retira do mundo alguns traços geradores e composições que o olham. Através dessas historietas, excitações se vestem de um campo de olhar, ligando um eu espectador a objetos que o olham.

Foi por ocasião do desenrolar de uma dessas seqüências, na qual se construíra assim uma perspectiva, que a analisanda citada foi tomada por uma verdadeira vertigem: o chão fugia sob os seus pés, enquanto ela apreendia como que pela primeira vez "uma vida diante de si"... De certa forma, esse foi um momento traumático de transtorno espaço-temporal induzido por um movimento da fantasia, movimento que a levou justamente (por vertigem!) a deitar-se no divã da analista e a poder enfim lembrar-se e falar dos seus próprios sonhos. Aqui, é necessário precisar que a lei do tempo canibalesco e do espelho oral destrói, de fato, a possibilidade de pensar um porvir e de estar sujeito ao tempo: "Não posso me ver à frente, ter um projeto diante de mim, pois diante de mim está a minha mãe!" Assim, uma angustiante desestabilização acompanha toda recomposição que deixaria subitamente aparecer uma brecha de porvir diante de si, uma brecha no muro materno que mascara o horizonte.

O analista continua sendo realmente o "resto diurno" privilegiado de um tratamento, e as seqüências evocadas sempre empenham mais o laço com o analista, ameaçando notadamente, pelos agires, reduzir as distâncias e destruir as perspectivas. Entretanto, não é esse o inevitável preço do trabalho de construção da fantasia, em que não se vem *in effigie* e *in absentia* fazer-se alimento, fazer-se nada ou fazer-se quadro? A possibilidade de passar de uma seqüência a outra e de ligar seus elementos organiza, justamente, a temporalidade do tratamento pelos tempos da transferência.

Cruzamentos, formações de compostos contraditórios, elaborações de cenas-substitutos pondo objetos em perspectiva: esse seria o trabalho do tempo em um tratamento, quando os movimentos de deslocamento gerando tempos de reescrita da história são outros tantos estratos psíquicos superpostos em vias de articulação. No encontro singular entre um analista e um analisando afirma-se um estilo de devir próprio a cada experiência. Uma ou várias figuras, que implicam um ritmo particular, não organizam, em cada tratamento, um estilo singular de repetição, que orienta a composição dos estratos psíquicos? A análise instaura, de fato, um trabalho do tempo que se assimila a uma dinâmica dos processos psíquicos e que orienta o modo de "passagem" dos pensamentos que introduzem possíveis modificações. O conjunto dessas passagens e dessas figuras representa sem dúvida o tempo interno de uma experiência analítica. Se, felizmente, não há fórmula geral, isso não dispensa de elaborar a sua teoria no singular, notadamente se se considera, como Pierre Fédida, que cada caso é "uma teoria em fermentação."[188]

O trabalho dos tempos da fantasia

Deveríamos agora interrogar de modo mais geral essa dinâmica temporal que leva os pensamentos passageiros para tempos de reescrita da história, provocando a composição de novas cenas. Esse tempo instaurador — do tratamento e no tratamento — não procede da lógica da fantasia, que implica o deslizamento das seqüências, o jogo das substituições e a construção de perspectivas, estas últimas figuras empenhando precisamente uma maneira de atar o tempo e as imagens? Um artigo de Freud, "Uma criança é espancada", parece entrar em ressonância com esse questionamento: o pensamento de Freud parece aí, efetivamente, brutalizado pela lógica da fantasia e ao mesmo tempo inteiramente ocupado em seguir a sua temporalidade instauradora. Nesse texto, a apresentação da elaboração da fantasia em três fases, seguindo um desenrolar lógico original e preciso, parece se comunicar de uma maneira indireta com os estratos temporais que podem organizar a própria experiência analítica, com a condição, é claro, de não se deter aqui no conteúdo particular da fantasia dc fustigação, mas de só reter-lhe a trama temporal.

Segundo essa lógica, o primeiro tempo de formação da fantasia se apresenta sob a forma de uma "fase preliminar", que realiza uma *antecipação* sobre os objetivos sexuais posteriores. Ela representa, entretanto, a matriz das excitações e das percepções das quais emergirá a cena sexual. "Mas chega o tempo em que essa primeira floração é estragada pela geada; nenhum desses amores incestuosos pode escapar à fatalidade do recalque..."[189] E a moção amorosa da primeira fase, "logo que constituída", já deve se transformar em uma segunda fase para subsistir, graças à sua ligação com a sua própria interdição: "Esse fato de ser espancado é agora um composto de consciência de culpa e de erotismo; *não é mais apenas a punição pela relação genital proibida, mas também o substituto regressivo desta*, e nessa última fonte ele colhe a excitação libidinal que lhe será inerente..."[190]

Em outras palavras, a nascente relação erótica com o objeto só subsiste aqui transformando-se, e só se fixa em um tempo segundo, sob a forma de um *substituto-fonte*, encontrando a sua própria impossibilidade. Ocorre que nessa lógica da fantasia que desafia o tempo linear não só o rio aparece antes da fonte do rio, mas, além disso, esse rio só jorra graças a uma barragem erigida contra ele! Percebe-se assim que as duas primeiras fases de fabricação da fantasia se instauram por movimentos de antecipação e de retroação, gerando um "composto" que toma valor de *substituto-fonte*, no qual será doravante colhida a excitação.

Freud acrescenta que essa segunda fase de substituição permanece geralmente inconsciente, provavelmente pela intensidade do recalque, e que ela deve primeiro ser reconstruída na análise. Em um trecho precedente, Freud foi até mais longe, afirmando: "Essa segunda fase é a mais importante de todas, e a mais carregada de conseqüências. Mas pode-se dizer que ela, em certo sentido, nunca teve existência real. Ela não é, em caso algum, rememorada; nunca levou o seu conteúdo até tornar-se consciente. Ela é uma construção da análise, mas nem por isso deixa de ser uma necessidade."[191] Estranhamente, essa fase mais importante aparece como a que nunca teve uma existência real, isto é, que não entrou no tempo nem na história, e que só entrará nela pelo trabalho de construção da fantasia na análise. Aliás, é preciso notar que Freud não fala aqui de construção "do analista", mas "da análise".

A formulação da terceira fase, que "nos é conhecida pela comunicação da paciente", representa segundo Freud um retorno disfarçado à primeira fase. A fantasia é agora "portadora de uma forte excitação que, sem equívoco possível, é sexual". Nessa terceira fase, configuração definitiva da fantasia, a criança autora da fantasia só intervém como espectador. Mas ela representa, de fato, um substituto da segunda fase, que permaneceu inconsciente e continua a agir sob essa nova forma. Assim, a terceira fase efetua uma retomada e um entrelaçamento das precedentes no sexual, pela colocação em perspectiva de um olhar que enquadra a cena. Pode-se pensar que se revela aqui a função particular do olhar que — não equivalendo aos outros objetos pulsionais em virtude do seu papel maior na constituição do narcisismo — vem retomar no seu feixe outros acontecimentos pulsionais. Ou ainda, pode-se supor que os tempos da fantasia organizam aqui uma perspectiva, mesmo que se trate de um *tromp-l'oeil*, pois as seqüências precedentes se encontram aparentemente escamoteadas, para oferecer apenas a evidência de um único enunciado.

Produzir o seu próprio antecedente repetindo-o

Como essa construção freudiana em três fases se comunica com as composições de estratos sucessivos que orientam o tratamento? No texto freudiano, a construção fantasística se desenrola pela sucessão de uma fase preliminar antecipadora, de uma fase intermediária agindo como um *substituto-fonte* graças à formação de um composto, e de uma configuração definitiva, que veste a excitação de um campo de olhar, ligando um eu espectador a protagonistas estranhos.

A própria formação dos estratos resulta sempre de um processo de substituição, como se a temporalidade fosse aqui produzida pela própria operação de substituição. Assim, a idéia de uma progressão linear é subvertida por esse trajeto, em que o começo não é a fonte e em que a fase final é apenas um retorno disfarçado à primeira, enquanto a segunda fornece o lugar de uma repetição fundamental para aquilo que nunca teve existência real.

Se se supõe que essa construção se refere ao tempo imemorial do infantil, nada impede, entretanto, de encarar a sua retomada e o seu destino no tratamento analítico, do ponto de vista da temporalidade que ela instaura. Aliás mais radicalmente ela aparece às vezes como um tempo de geração dos lugares psíquicos na experiência analítica, através dessa colocação em seqüências de antecipações, de *substitutos-fontes* e de colocações em perspectivas. É isso certamente que põe mais em evidência a confrontação com as lógicas do puro devir circular.

Entretanto, esse tempo de geração dos lugares psíquicos afetaria o corpo dos pensamentos que se arquitetam, segundo a expressão de J.-D. Nasio, "como um inconsciente único entre o analisando e o analista".[192] E a elaboração de um corpo fantasístico se encontraria assim referida ao próprio processo de estratificação que se assimila ao estilo do devir no tratamento. Não digamos com isso que se trata de "fabricar" a fantasia no tratamento, pois, nesses raciocínios, somos sempre prisioneiros de uma concepção linear do tempo. O tempo psíquico não é, precisamente, aquele que, incessantemente, procede da repetição "daquilo que não existe ainda realmente", ou aquele que produz o seu próprio antecedente repetindo-o? O processo de formação dos substitutos seria, a esse respeito, um dos modos privilegiados do retorno da realidade psíquica. E a repetição supõe aqui a ação de um tempo identificante no qual "não é um acontecimento que se reproduz, mas um nó que se refaz ali", enquanto que "o que se passa a realiza".[193]

Se o trabalho analítico pode dar um lugar à repetição, que se diferencia daquele que o sintoma fora de tratamento constrói, não é para "encontrar uma solução" para a fantasia, mas para mobilizar esse tempo instaurador de substitutos-fontes, pelo qual se operam as modificações de posições, igualmente notáveis — embora de modo diferente — no analista e no analisando. E se o destino da fantasia não é efetivamente o mesmo, fora do tratamento e no tratamento, é na medida em que, neste último caso, a fantasia entra de novo nos tempos, relançando os seus jogos de permutações, de substituições e de conexões, compondo figuras em transformação e não uma cena congelada. Além disso, o seu destino difere evidentemente, no fato de que ele gera efetivamente o devir interno da experiência analítica.

Atando as imagens e os símbolos aos trajetos pulsionais, uma montagem fantasística não realiza uma formação estritamente interior, mas antes — segundo a expressão de Lacan na sua homenagem a Marguerite Duras — "um invólucro para não ter nem fora nem dentro",[194] que se assimila a uma figura organizando o laço inconsciente com os objetos. E essa montagem não poderia então surgir tal qual, de uma só vez, pois se trata de um trajeto ou de um conjunto de passagens entre diferentes estratos psíquicos. Esse trabalho de ligação pode efetuar-se não só pela simultaneidade dos tempos na fala, mas também na diacronia do tratamento, solicitando o folhear dos retornos e o entrelaçamento dos contrários. Nessas condições, a "profundidade psicológica" se transforma em jogo e em ligação dos estratos psíquicos: lugares de passagens não localizáveis.

Além de um simples "tornar-se consciente", as figuras da fantasia no tratamento representam a trama de um "tempo que não passa", que não se torna passado, mas que organiza as passagens. Sem que possam ser, em nenhum momento, apreendidas em sua totalidade, essas passagens são os suportes de um tempo identificante: um tempo de ligação que, realizando-se, transforma os que o percorrem, sem que o saibam.

Entretanto, a identificação fantasística do sujeito com o objeto deve mesmo ser removida pelo trabalho da análise, já que essa identificação inconsciente fornece uma resposta à falta do Outro de uma maneira congelada, que causa sofrimentos e passagens ao ato. Trata-se pois ainda aqui de um paradoxo: a construção da fantasia na análise seria o único caminho da sua parcial destituição. É ao entrar nos tempos da transferência que ela perde o seu caráter imemorial: só o que é construído poderá, ao mesmo tempo, ser desconstruído; é ao fazer-se que ela se desfaz. No ponto em que não cessava, o passado deve vir do porvir das substituições.

Bibliografia

H. Bergson:

Essai sur les données immédiates de la conscience, PUF, 1889.

La Pensée et le mouvant, PUF, 1934.

M. Blanchot, *Le livre à venir*, Gallimard, 1959.

F. Dagognet, *La raison et les remèdes*, PUF, 1964.

M. Dayan:

"L'impossibilité de se défaire de soi", in *Nouvelle Revue de Psychanalyse*, nº 41: *L'épreuve du temps*, primavera de 1990.

Déni de la mort et passage du temps, in *Psychanalyse à l'Université*, tomo 15, nº 57, 1990.

G. Deleuze, *Logique du sens*, Minuit, 1969.

J. Derrida, "La pharmacie de Platon", in *Tel Quel* nº 32, 1968.

H. Deutsch, *La psychanalyse des névroses*, Payot, 1965.

P. Fédida:

"Le langage à l'oeuvre dans la figure", in *L'Écrit du temps 17. Voir, dire*, Minuit, 1988.

"Théorie des lieux", in *Psychanalyse à l'Université*, tomo 14, nº 53, janeiro de 1989.

"La construction du cas", in *Nouvelle Revue de Psychanalyse*, nº 42: *Histoires de cas*, outono de 1990.

S. Freud:

1888: "Hystérie", in *Handwörterbuch der gesamten Medizin*, Villaret, 1888.

1890: "Traitement psychique", in *Résultats, idées, problèmes, I*, PUF, 1984.

1893: "Quelques considérations pour une étude comparative des paralysies motrices organiques et hystériques", in *Résultats, idées, problèmes I, op. cit.*

1895: "*L'esquisse d'une psychologie scientifique*", in La naissance de la psychanalyse, PUF, 1979.

1895: *Études sur l'hystérie*, PUF, 1978.

1896: Lettre à Fliess nº 52 de 6/12/1896, in *La naissance de la psychanalyse, op. cit.*

1896: "Nouvelles remarques sur les psychonévroses de défense", in *Névrose, psychose et perversion*, PUF, 1973.

1900: *L'interprétation des rêves*, PUF, 1976.

1908: "Le créateur littéraire et la fantaisie", in *L'inquiétante étrangeté*, Gallimard, 1985.
1908: "Les fantasmes hystériques et leur relation à la bisexualité", in *Névrose, psychose et perversion, op. cit.*
1909: "Considérations générales sur l'attaque hystérique", in *Névrose, psychose et perversion, op. cit.*
1909: "Le roman familial des névrosés", in *Névrose, psychose et perversion, op. cit.*
1912: "Discussion sur l'onanisme", in *Résultats, idées, problèmes I, op. cit.*
1914: "Pour introduire le narcissisme", in *La vie sexuelle*, PUF, 1969.
1914: "Remémoration, répétition, perlaboration", in *La Technique Psychanalytique*, PUF, 1977.
1915: "Le refoulement", in *Métapsychologie*, Gallimard, 1968.
1915: "L'inconscient", in *Métapsychologie, op. cit.*
1915: "Pulsions et destins des pulsions", in *Métapsychologie, op. cit.*
1917: *Introduction à la psychanalyse*, Payot, 1987.
1918: "Extrait de l'histoire d'une névrose infantile: l'Homme aux loups", in *Cinq Psychanalyses*, PUF, 1954.
1919: "Un enfant est battu", in *Névrose, psychose et perversion, op. cit.*
1920: "Au-delà du principe de plaisir", in *Essais de psychanalyse*, Payot, 1981.
1921: "Psychologie des masses et analyse du moi", in *Essais de psychanalyse, op. cit.*
1923: "Le moi et le ça", in *Essais de psychanalyse, op. cit.*
1925: "La négation", in *Résultats, idées, problèmes II*, PUF, 1985.
1925: "Note sur le 'Bloc-notes magique'", in *Résultats, idées, problèmes II, op. cit.*
1926: *Inhibition, symptôme et angoisse*, PUF, 1973.
1929: *Malaise dans la civilisation*, PUF, 1971.
1937: "Constructions dans l'analyse", in *Résultats, idées, problèmes II, op. cit.*
1937: "L'analyse avec fin et l'analyse sans fin", in *Résultats, idées, problèmes II, op. cit.*
1907-1926: *Correspondance S. Freud —K. Abraham*, Gallimard, 1969.
P. JULIEN, *Le retour à Freud de Jacques Lacan. L'application au miroir*, Erès, 1985.
E. KANT, *Critique de la raison pure*, PUF, 1951.
E. LÉVINAS, *Le temps et l'Autre* (Conferências apresentadas em 1946 e 1947 no Collège Philosophique), PUF, 1983.
J.-M. LEVY-LEBLOND, *La recherche en astrophysique*, Seuil, 1990.
J. LACAN:
Écrits, Seuil, 1966.
Le Séminaire. Livre I. Les écrits techniques de Freud, Seuil, 1975.
Le Séminaire. Livre II. Le moi dans la théorie de Freud et dans la technique de la Psychanalyse, Seuil, 1978.
Le Séminaire. Livre III. Les psychoses, Seuil, 1981.
Le Séminaire. Livre VII. L'éthique de la psychanalyse, Seuil, 1986.
Le Séminaire. Livre VIII. Le transfert, Seuil, 1991.
Le Séminaire. Livre XI. Les quatre concepts fondamentaux de la psychanalyse, Seuil, 1973.
Le Séminaire. Livre IX. L'identification (inédito).
Le Séminaire. Livre XVI. D'un autre à l'Autre (inédito).
"Hommage fait à Marguerite Duras du ravissement de Lol V. Stein", in *Marguerite Duras*, Éd. Albatros, 1979.

J. LAPLANCHE e J.-B PONTALIS, *Vocabulaire de la psychanalyse*, PUF, 1967.
S. LE POULICHET:
Toxicomanies et psychanalyse. Les narcoses du désir. PUF, 1987.
"De la drogue au symptôme: le temps d'élaboration de la demande", in *Psychologie clinique*, nº 2, 1989, Klincksieck.
"Se faire un corps étranger", in *Nouvelle Revue de Psychanalyse*, nº 43: *L'excès*, primavera de 1991.
H. MELVILLE, *Bartleby. Les îles enchantées*, Flammarion, 1989.
M. MERLEAU-PONTY:
Phénoménologie de la perception, Gallimard, 1945.
"L'œil et l'esprit", in *Les Temps Modernes*, nº 184-185, 1961.
Le visible et l'invisible, Gallimard, 1964.
M. de MONTAIGNE, *Essais* (1588), Gallimard, 1965.
M. MOSCOVICI, *Il est arrivé quelque chose*, Ramsay, 1989.
J.-D. NASIO:
Les yeux de Laure. Le concept d'objet a *dans la théorie de J. Lacan*, Aubier, 1987.
"Accomplir l'exil" (1975), in *L'inconscient à venir*, Rivages, 1993.
"Le paradoxe du traumatisme" (1985), *op. cit.*
PARMÊNIDES, *Le Poème*, apresentado por Jean Beaufret, PUF, 1955.
F. PERRIER:
La chaussée d'Antin I, Bourgois, 1978.
Les corps malades du signifiant, Inter-Éditions, 1984.
F. PONGE, *Lyres*, Gallimard, 1980.
J.-B. PONTALIS, *La force d'attraction*, Seuil, 1990.
E. PORGE, *Se compter trois. Le temps logique de Lacan*, Erès, 1989.
G. POULET, *Études sur le temps humain*, Plon, 1952.
SANTO AGOSTINHO, *Les confessions II*, Garnier, 1950.
J. STAROBINSKI, "Le remède dans le mal", in *Nouvelle Revue de Psychanalyse*, nº 17, primavera de 1978.
D. W. WINNICOTT, "La crainte de l'effondrement", in *Nouvelle Revue de Psychanalyse* nº 11, primavera de 1975.

Notas

Introdução

1. Santo Agostinho, *Les confessions II*, Garnier, 1950, p. 195.
2. H.Bergson, *La pensée et le mouvant*, PUF, 1934.
3. S.Freud, "Remémoration, répétition, perlaboration" (1914), in *La Technique Psychanalytique*, PUF, 1977, p.114.

O Tempo Identificante

4. S.Freud, "Le créateur littéraire et la fantaisie" (1908), in *L'inquiétante étrangeté*, Gallimard, 1985, p.39.
5. M.Blanchot, *Le livre à venir*, Gallimard, 1959, p.19.
6. *Ibid.*, p.19.
7. *Ibid.*, p.20.
8. *Ibid.*, p.20.
9. Segundo a expressão de Pierre Fédida, que apresenta uma reflexão sobre "a geração temporal dos lugares na análise", principalmente no seu artigo: "Le langage à l'œuvre dans la figure", in *L'écrit du temps 17. Voir, dire*, Minuit, 1988, p.3-8.
10. A esse respeito, Pierre Fédida escreve: "Uma *teoria dos lugares* na psicanálise foi introduzida por Freud por meio do modelo ótico do aparelho psíquico (...). O interesse de voltar à idéia de *lugar(es)* é certamente questionar uma tendência que não cessou de desenvolver-se durante os últimos anos e que consiste em majorar a fenomenologia com uma metáfora do espaço — seja na noção de espaço psíquico, de espaço transicional, de espaço transferencial, até mesmo de 'continente'. Falar de lugar(es) não é a mesma coisa que falar de espaço", in "Théorie des lieux", *Psychanalyse à l'Université*, tomo 14, nº 53, janeiro de 1989, p.8.
11. Carta a Fliess nº 52, de 6/12/1896, in *La naissance de la psychanalyse*, PUF, 1979, p.153-154.

12. J.Lacan, *Le Séminaire. Livre I: Les écrits techniques de Freud*, Seuil, 1975, p.19.
13. S.Freud, "Le créateur littéraire et la fantaisie", *op.cit.*, p.39.
14. S.Freud, *L'interprétation des rêves* (1900), PUF, 1976, p.481.
15. S.Freud, *Malaise dans la civilisation* (1929), PUF, 1971, p.8-9.
16. M.Merleau-Ponty: *Phénoménologie de la perception*, TEL Gallimard, 1945, p.487. Nesse primeiro período dos escritos de Merleau-Ponty subsiste a concepção de um sujeito como centro de individuação, ainda que este não seja outro senão um "ser no tempo".
17. S.Freud, *Naissance de la psychanalyse, op. cit.*, p.348.
18. J.Lacan, *Le Séminaire. Livre VII. L'éthique de la psychanalyse*, Seuil, 1986, p.65 e p.76.
19. Quanto a essa relação entre o tempo e a alteridade, transposta para um outro campo, os trabalhos de Emmanuel Lévinas parecem fazer eco às proposições freudianas de 1895: Lévinas define o tempo como "relação com aquilo que, por si inassimilável, absolutamente outro, não se deixaria assimilar pela experiência, ou com aquilo que, por si infinito, não se deixaria compreender (...) Impossibilidade de coincidir, in-adequação, que não são noções simplesmente negativas, mas que têm um sentido no fenômeno da não-coincidência dado na diacronia do tempo" in *Le temps et l'Autre* (conferências apresentadas em 1946 e 1947 no Colégio Filosófico), PUF, 1983, p.9-10.
20. Trata-se, para Freud, em *L'esquisse*, de uma não-coincidência dos investimentos.
21. S.Freud, *Inhibition, symptôme et angoisse* (1926), PUF, 1973, p.100.
22. J.Lacan, *Le Séminaire. Livre II, Le moi dans la théorie de Freud et dans la technique de la psychanalyse*, Seuil, 1978, p.125.
23. Segundo Lacan, a repetição põe em jogo uma presença em ato que não é simples reprodução passiva, mas que integra uma dimensão criadora: "Se a reprodução é uma reprodução em ato, então há na manifestação da transferência algo de criador (...) E também chegamos aqui ao ponto em que a transferência aparece como, propriamente falando, uma fonte de ficção. Na transferência, o sujeito fabrica, constrói alguma coisa." In *Le Séminaire. Livre VIII. Le transfert*, Seuil, 1991, p.207.
24. Proponho aqui um eco à fórmula de M.Moscovici em sua obra *Il est arrivé quelque chose* (Ramsay, 1989) e desenvolverei essa problemática do acontecimento nos capítulos seguintes.
25. Segundo a fórmula de François Perrier, na sua obra *La chaussée d'Antin*, tomo I, Col.10/18, 1978, p.205.
26. *Ibid.*, p.215.
27. *Ibid.*, p.205.

O Tempo que Passa e o Tempo que não Passa

28. Assim, poderíamos submeter a nossa concepção do tempo a um "tratamento semelhante ao que Merleau-Ponty aplicou ao visível na sua última obra *Le visible et l'invisible* (Gallimard, 1964), e também no seu artigo "L'œil et l'esprit" (in *Les Temps Modernes* nº 184-185, 1961). Lacan se inspirou nesses desenvolvimentos do pensamento de Merleau-Ponty para abordar, no *Le*

Séminaire XI, o fenômeno da esquize entre a visão e o olhar, pelo qual "... só vejo de um ponto, mas na minha existência sou olhado de todos os lugares". (J.Lacan, *Le Séminaire. Livre XI. Les quatre concepts fondamentaux de la psychanalyse*, Seuil, 1973, p.69.) Esse descentramento poderia ser aplicado à dimensão temporal.

29. Ou ainda, como mostrou Maurice Dayan, "os processos inconscientes afetam transversalmente a sucessão dos acontecimentos", in "L'impossibilité de se défaire de soi", *Nouvelle Revue de Psychanalyse nº 41: L'épreuve du temps*, primavera de 1990, p.270.
30. S.Freud, *Oeuvres complètes*, XIII, PUF, 1988. p.226
31. M.Dayan, "Déni de la mort e passage du temps", in *Psychanalyse à l'Université*, tomo 15, nº 57, 1990, p.17. Remeto às análises desse artigo, para uma leitura crítica minuciosa da proposição freudiana.
32. S.Freud, "Au-delà du principe de plaisir" (1920), in *Essais de psychanalyse*, Payot, 1981, p.77.
33. S.Freud, "Le refoulement" (1915), in *Métapsychologie*, col. Idées/Gallimard, 1968, p.49.
34. *Ibid.*, p.50.
35. Se se considera que "a temporalidade se temporaliza como futuro-que-vai-para-o-passado-vindo-para-o-presente", segundo a fórmula de Heidegger, é claro que aqui o tempo não passa.
36. M.Merleau-Ponty, *Phénoménologie de la perception*, Gallimard, 1945, p.481. Merleau-Ponty faz referência aqui a uma idéia de Kant relativa "ao tempo que não se escoa, o tempo que é em si mesmo imutável e permanente", em oposição à concepção heraclítica de um tempo que se escoa como um rio (in *Critique de la raison pure*, trad. Tremesaygues-Pacaud, PUF, 1951, p.179). Mas o pensamento que apresento aqui a respeito dos tempos que não passam, na medida em que não passam para ninguém e são apenas modos de passagem, só pode referir-se aos processos inconscientes e tem uma significação bem diferente da significação dessas reflexões filosóficas.
37. S.Freud, "L'inconscient" (1915), in *Métapsychologie, op.cit*, p.98.
38. *Op. cit.*, p.480.
39. *Ibid.*, p.489.
40. S.Freud, "La négation" (1925), in *Résultat, idées, problèmes II*, PUF, 1985, p.137-138.
41. Como lembra Erik Porge na sua obra *Se compter trois. Le temps logique de Lacan*, Erès, 1989, p.61.
42. S.Freud, "Note sur le 'Bloc-notes magique'" (1925), in *Résultats, idées, problèmes II, ibid.*, p.123-124. E também: "É realmente mais do modo de trabalho do sistema Pc-Cs que nossa representação abstrata do tempo parece derivar inteiramente: ela corresponderia a uma autopercepção desse modo de trabalho", in "Au-delà du principe de plaisir", *Essais de psychanalyse, op. cit.*, p.70.
43. A esse respeito, evocarei mais especificamente essa conjugação dos verbos no último capítulo desta obra, quanto à absorção e à eliminação.
44. S.Freud, "Au-delà du principe de plaisir", *op. cit.*, p.77-78.
45. Remeto à proposição freudiana segundo a qual "O histérico ou o obsessivo também abandonou, nos limites da sua doença, a sua relação com a realidade.

Mas a análise mostra que ele não suprimiu de modo algum a sua relação erótica com as pessoas e as coisas. Ele a mantém ainda na fantasia (...). Não ocorre o mesmo com o parafrênico. Parece que o doente realmente retirou a sua libido das pessoas e das coisas do mundo exterior, sem substituí-la por outros objetos nas suas fantasias. Quando essa substituição se faz depois, ela parece ser secundária e fazer parte de uma tentativa de cura, que se propõe a reconduzir a libido para o objeto." In "Pour introduire le narcissisme" (1914), *La Vie sexuelle*, PUF, 1969, p.82.

46. S.Freud, "L'inconscient" in *Métapsychologie, op. cit.*, p.89.
47. S.Freud, *L'interprétation des rêves*, PUF, 1976, p.478-479. Transcrevo aqui a tradução proposta por J.Laplanche e J.-B.Pontalis no seu *Vocabulaire de la psychanalyse, op. cit.*, PUF, 1967 p.493.
48. Como já observaram J.Laplanche e J.-B.Pontalis no seu artigo sobre a transferência, in *Vocabulaire de la psychanalyse, op. cit.*, p.494.
49. J.Lacan, *Le Séminaire. Livre I. Les écrits techniques de Freud*, op. cit., p.267. Lacan acaba de lembrar a fórmula de Hegel: "O conceito é o tempo da coisa", sendo o conceito aquilo que faz com que a coisa esteja ali, ao mesmo tempo em que não está ali.
50. *Ibid.*, p.267-268.
51. S.Freud, "Pour introduire le narcissisme" (1914), in *La Vie sexuelle, op. cit.*, p.82.
52. Segundo a fórmula utilizada por Freud na carta 52 a Fliess em 1895, in *La naissance de la psychanalyse, op. cit.*, p.159.

O Tempo do Sonho

53. S.Freud, *L'interprétation des rêves, op. cit.*, p.470.
54. J.Lacan, *Le Séminaire. Livre XI. Les quatre concepts fondamentaux de la psychanalyse, op. cit.*, p.72. Esse lugar do sonho que mostra para ninguém permanece pois estranho à consciência de um "eu me vejo me vendo", correlativa do campo da representação e do seu sujeito apreendido como ponto fixo. Lacan precisa, a esse respeito, que durante o próprio sonho, o sujeito pode muito bem "dizer-se — *É apenas um sonho.* Mas ele não se apreende como aquele que se diz — *Apesar de tudo, estou consciente desse sonho.*"
55. Segundo Lacan, não se pode rejeitar a proposição freudiana segundo a qual os sonhos se expressam em imagens, na medida em que Freud mostra de que espécie de imagens se trata: "... imagens que intervêm em uma escrita, isto é, não pelo seu sentido próprio, pois há algumas que estarão ali, não para serem lidas, mas simplesmente para trazer ao que deve ser lido um expoente sem o qual isso ficaria enigmático", in *Le Séminaire. Livre III. Les psychoses*, Seuil, 1981, p.281.
56. M.Merleau-Ponty, *L'œil et l'esprit, op. cit.*, p.197. E também: "Visível e móvel, meu corpo está no número das coisas, é uma delas, está incluído no tecido do mundo e sua coesão é a de uma coisa. Mas, já que ele vê e se move, ele mantém as coisas em círculo em torno de si, elas são um anexo ou um prolongamento dele, elas estão incrustadas na sua carne, fazem parte da sua definição plena e o mundo é feito da própria matéria do corpo". *Ibid.*, p.197.
57. *Ibid.*, p.198.

58. *Ibid.*, p.199.
59. Segundo a expressão de Lacan no seu capítulo sobre "La ligne et la lumière", in *Le Séminaire. Livre XI. Les quatre concepts fondamentaux de la psychanalyse, op. cit.*
60. S.Freud, *L'interprétation des rêves, op. cit.*, p.292.
61. Segundo a fórmula de Silberer usada por Freud, *ibid.*, p.296.
62. Refiro-me aqui ao ensaio de Freud: "Pulsions et destins des pulsions", in *Métapsychologie, op. cit.*, principalmente a página 32.
63. *Ibid.*, p.214. Merleau-Ponty não utilizava explicitamente essas reflexões sobre o quadro para desenvolver o seu próprio pensamento sobre a temporalidade. Entretanto, abriu, certamente, um caminho original, que se pode percorrer *a posteriori*, a fim de conceber *um tempo na figura*.
64. *Ibid.*
65. Lacan propõe que se traduzam assim os "*Vorstellungsrepräsentanz*", isto é, aquilo que, segundo Freud, determina essencialmente o inconsciente. Essa tradução (ao contrário de "representante representativo") permite situar as imagens do sonho como um "avesso da representação". *Ibid.*, p.58.
66. S.Freud: "Au-delà du principe de plaisir", in *Essais de psychanalyse, op. cit.*, p.78.
67. *Ibid.*, p.272.
68. *Ibid.*, p.278.
69. *Ibid.*, p.431.
70. *Ibid.*, p.439.
71. S. Freud, "Au-delà du principe de plaisir", in *Essais de psychanalyse, op. cit.*, p.75.
72. *Ibid.*, p.77-78.
73. *Ibid.*, p.79.

O Trabalho do Tempo Reversivo

74. M.Merleau-Ponty, "L'œil et l'esprit", *op. cit.*, p.226.
75. J.Lacan, *Le Séminaire. Livre II. Le moi dans la théorie de Freud et dans la technique de la psychanalyse, op. cit.*, p.29.
76. *Ibid.*, p.13.
77. Parmênides, *Le poème*, apresentado por Jean Beaufret, PUF, 1955, p.9.
78. Segundo a fórmula empregada por Lacan no seu Seminário sobre a identificação, 17 de janeiro de 1962.
79. Remeto à crítica da espacialização do tempo em Bergson, nos *Essais sur les données immédiates de la conscience*, PUF, 1889.
80. Como eco à proposição de Merleau-Ponty, para quem, "se as criações não são uma aquisição, é porque elas têm quase toda a sua vida diante de si...", *op. cit.*, p.214. Certamente, os acontecimentos psíquicos não são obras de arte, mas essas duas relações com o tempo podem esclarecer-se mutuamente.
81. Essas proposições também são um eco às reflexões de Pierre Fédida: "... poder-se-ia dizer que o paciente 'espera' do analista que a sua escuta (a interpretação) abra a fala a efeitos de ressonância (e logo de significância) e que as palavras restituídas sejam reconhecíveis como as mesmas, mas deslocalizem o sentido que as sedimentava. (...) A interpretação dá lugar a um tempo

da fala e muitas vezes basta uma única palavra pronunciada — uma palavra já enunciada — para que a fala receba nessa palavra *um outro ponto de vista*. Os deslocamentos são mudanças de tempos." In "Théorie des lieux", *op. cit.*, p.6-7.

82. S.Freud, "Constructions dans l'analyse" (1937), in *Résultats, idées, problèmes II, op. cit.*, p.273.
83. *Ibid.*, p.270.
84. Em cada época, a evolução das ciências oferece novas metáforas, muito úteis embora imperfeitas. É talvez no campo da astrofísica moderna que o pensamento do não-lugar da origem poderia encontrar um eco: segundo certas pesquisas em astrofísica, parece que nunca é possível remontar exatamente até o ponto zero, na origem da formação do universo, pois esse ponto figura, de qualquer forma, um limite inatingível, um ponto fictício. Jean-Marc Levy-Leblond compara o instante suposto do "big bang" com a linha do horizonte: pode-se vê-la quando, na realidade, ela está no infinito. Ambos só têm existência em relação com os limites dos nossos órgãos de percepção e com as características dos nossos instrumentos de medida (ver: J.-M.Levy-Leblond, *La recherche en astrophysique*, Seuil, 1990). E o "ponto de vista" continua a mover-se, enquanto as "teorias" não cessam de renovar-se, comportando todavia efeitos reais para as aplicações científicas. Assim, a origem se fabrica incessantemente, graças a raciocínios recorrentes, e é preciso que ela seja suposta, antes de ser recomposta, a fim de que as hipóteses fabriquem ferramentas que modifiquem o real.
85. *Op. cit.*, p.10.
86. Foi Lacan que evidenciou essa dimensão que permanece em geral implícita nos textos freudianos; ver principalmente *Le Séminaire. Livre XI. Les quatre concepts fondamentaux de la psychanalyse, op. cit.*, p.62.
87. S.Freud, "Le moi et le ça", in *Essais de psychanalyse, op. cit.*, pp.243-244
88. *Ibid.*, p.244.
89. A respeito do retorno à origem, remeto às proposições de J.-D.Nasio, no capítulo intitulado "Accomplir l'exil", in *L'inconscient à venir*, Rivages, 1993, p.26-33.
90. "Le moi et le ça" *op. cit.*, p.248.
91. "... primeiramente, ele é a primeira identificação que se produziu enquanto o eu ainda estava fraco, e em segundo lugar, é o herdeiro do complexo de Édipo, e introduziu pois no eu os objetos da mais alta importância", *ibid.*, p.262. Vê-se que esse "primeiramente" e esse "em segundo lugar" têm um estatuto particular: constituem uma antinomia.
92. Lacan empregou essa fórmula do "tempo reversivo" para mostrar que o efeito de sentido produzido por uma frase exige, para completar-se, a última palavra da frase. Ver "Position de l'inconscient", in *Écrits, op. cit.*, p.838.
93. S.Freud, "L'analyse avec fin et l'analyse sans fin" (1937), in *Résultats, idées, problèmes II*, PUF, 1985, p.253.
94. Quanto a essa atualização, remeto às proposições de Lacan, em "Intervention sur le transfert", em 1951, in *Écrits, op. cit.*, p.225. Mais tarde, Lacan observará, a propósito do tempo na análise, que "o passado e o futuro, precisamente, se correspondem. E não em qualquer sentido — não no sentido que se poderia crer que a análise indica, isto é, do passado para o futuro. Pelo

contrário, justamente na análise, porque a técnica é eficaz, as coisas caminham na ordem certa — do futuro para o passado. Poderíamos pensar que estamos buscando o passado do doente em uma lata de lixo, ao passo que, ao contrário, é em função do fato de que o doente tem um futuro que podemos caminhar no sentido regressivo", in *Le séminaire. Livre I. Les écrits techniques de Freud, op. cit.*, p.180.

O Entrelaçamento dos Tempos no Romance Familiar

95. S.Freud: "Le roman familial des névrosés" (1909), in *Névrose, psychose et perversion*, PUF, 1973, p.157.
96. *Ibid.*, p.158.
97. *Ibid.*, p.160.
98. J.Lacan: *Le Séminaire. Livre XI. Les quatre concepts fondamentaux de la psychanalyse, op. cit.*, p.194.
99. *Dictionnaire historique de la langue française*, Le Robert, 1992, tomo 2, p.1923.
100. M.Blanchot: *op. cit.*, p.14. Essa proposição ressoa exatamente com a que Lacan apresenta no seu Seminário sobre a ética, segundo a qual "é no significante e na medida em que o sujeito articula uma cadeia significante, que ele vê com clareza que ele pode faltar na cadeia daquilo que ele é", *op. cit.*, p.341.
101. M.Blanchot: *op. cit.*, p.25.
102. Segundo a expressão de Freud em "Psychologie des masses et analyse du moi" (1921), in *Essais de psychanalyse, op. cit.*
103. *Ibid.*, p.207-208.
104. F.Perrier, *op. cit.*, p.206.
105. *Ibid.*
106. Abordarei mais precisamente a lógica desse *puro devir* no capítulo seguinte: "Fazer-se um corpo estranho".
107. Voltarei de modo mais preciso a essa questão do trauma no capítulo "O instante catastrófico".
108. Como nota Erik Porge no seu comentário do "tempo lógico" apresentado por Lacan, in *Se compter trois. Le temps logique de Lacan, op. cit.*, p.31.
109. M.Blanchot: *op. cit.*, p.16.

O Instante Catastrófico

110. G.Poulet, *Études sur le temps humain*, Plon, 1952, p.54.
111. *Ibid.*, p.56.
112. J.Lacan, *Le Séminaire. Livre XI. Les quatre concepts fondamentaux de la psychanalyse, op. cit.*, p.203.
113. J.Lacan, *Écrits, op. cit.*, p.841.
114. *Ibid.*, p.517.
115. *Ibid.*, p.517.
116. G.Poulet, *Études sur le temps humain, op. cit.*, p.73.

117. Sem ser idêntico, esse ponto faz eco às proposições de D.W.Winnicott no seu artigo "La crainte de l'effondrement" (1974), in *Nouvelle Revue de Psychanalyse* nº 11, primavera de 1975, Gallimard.
118. Refiro-me aqui aos processos de alienação e de separação, como Lacan os apresentou nos capítulos 16 e 17 do *Séminaire. Livre XI*, embora Lacan não designe esse processo como um trauma fundador da condição do sujeito desejante.
119. Segundo a fórmula de J.Lacan em *Le Séminaire. Livre I. Les écrits techniques de Freud, op. cit.*, p.214.
120. Mais precisamente, o significante posto em jogo no encontro atual substitui o significante suposto da primeira cunhagem e uma condensação se opera entre eles. O sintoma é então o efeito dessa identificação e constitui um novo significante metafórico pós-recalque. A esse respeito, remeto aos desenvolvimentos de J.-D. Nasio: "Le paradoxe du traumatisme", in *L'inconscient à venir*, Rivages, 1993, p.159-181.
121. *Ibid.*, p.176.
122. H.Deutsch, *La psychanalyse des névroses*, Payot, 1965, p.79-88. Eu me inspirarei aqui nos comentários desse caso feitos por Lacan no seu Seminário inédito: *D'un Autre à l'autre* (7 de maio de 1969) e por Philippe Julien na sua obra *Le Retour à Freud de Jacques Lacan*, Erès, 1985, p.201-207.
123. *Ibid.*, p.81.
124. Segundo a expressão empregada por Freud no seu texto sobre "Les fantasmes hystériques et la bisexualité" (1908), para designar a formação de um "composto" de fantasia e de agir, in *Névrose, psychose et perversion, op. cit.*, p.151.
125. Segundo a fórmula de Lacan em *Le Séminaire XI*, a propósito do trauma: "... existe ali um momento muito significativo da passagem de poder do sujeito ao Outro, aquele que chamamos o grande Outro, o lugar da palavra, virtualmente o lugar da verdade", *op. cit.*, p.118.
126. J.Lacan, *Le Séminaire. Livre III. Les Psychoses*, Seuil, 1981, p.17.
127. Segundo a fórmula que Lacan empregara a respeito da cena primitiva do Homem dos lobos, in *Le Séminaire. Livre I. Les écrits techniques de Freud, op. cit.*, p.214.
128. J.Lacan, *Le Séminaire. Livre I. Les écrits techniques de Freud, op. cit.*, p.119.
129. A apresentação, por Rosine Lefort, do caso Robert, o menino-lobo, no Seminário I de Lacan, situa notavelmente essa dimensão da autodestruição ligada aos traumas primitivos, que pode muitas vezes assumir a máscara da destruição do outro. Esses traumas são construídos e deduzidos pelo analista (e no caso Robert, muitas vezes confirmados posteriormente pelas informações oriundas de documentos médicos), a partir do momento que foram dramaticamente reencenados no tratamento, graças à permanência da analista, posta no lugar de mãe que nega o alimento, castradora etc.
130. J.Lacan, *Le Séminaire. Livre I, Les écrits techniques de Freud, op. cit.*, p.119.
131. *Ibid.*, p.222.
132. Tal como a superfície corporal posta em jogo na "lesão histérica", situada por Freud como lesão na série associativa, na qual o nome do órgão está implicado. Ver "Quelques considérations pour une étude comparative des paralysies motrices organiques et hystériques", in *Résultats, idées, problèmes I*, PUF, 1984, p.57.

133. É o tempo do absoluto: esse "acabado" que deriva do verbo "absolvere", isto é, "destacar".
134. Lacan, na sua homenagem ao romance de Duras, convidava a "seguir o tema da capa" e o papel do olhar. Ver J.Lacan, "Hommage fait à Marguerite Duras, du ravissement de Lol V.Stein", in *Marguerite Duras*, Albatros, 1979, p.133.
135. M.Duras, *Le ravissement de Lol V.Stein*, Gallimard, 1964, p.17.
136. *Ibid.*, p.19-20.
137. Segundo a expressão de Lacan em "Hommage...", *op. cit.*, p.135.
138. *Op. cit.*, p.22.
139. *Ibid.*, p.46-47.
140. Remeto aos desenvolvimentos de Lacan a respeito do traço unitário, notadamente em *Le Séminaire. Livre XI, op. cit.*, p.129-130.
141. S.Freud, "Au-delà du principe de plaisir" (1920) in *Essais de psychanalyse, op. cit.*, 77.
142. *Ibid.*
143. *Ibid.*, p.13.
144. J.Lacan, *Le Séminaire. Livre XI. Les quatre concepts fondamentaux de la psychanalyse, op. cit.*, p.192.

Toxicomania: A Invenção de uma Autocronia

145. Este capítulo é uma versão revista e completada de um artigo publicado na *Nouvelle Revue de Psychanalyse I*: "L'excès", nº 43, primavera de 1991, sob o título de *Se faire un corps étranger*.
146. F.Perrier, *Les corps malades du signifiant*, Inter-Editions, 1984, p.74.
147. Trata-se do seu artigo "Hysterie", publicado no *Handwörterbuch der gesamten Medizin*, Villaret, Stuttgart, 1888, *Standard Edition, I*, p.57.
148. *Ibid.*, p.50-52.
149. Essa é a fórmula que ele adota em uma carta a Abraham, de 7 de junho de 1908, in *Correspondance S.Freud — K.Abraham, 1907-1926*, Gallimard, 1969, p.47.
150. "Quero dizer que podemos dar livre curso às nossas hipóteses, desde que conservemos o nosso julgamento crítico e que não tomemos o andaime pelo próprio edifício", precisa Freud em *L'interprétation des rêves* (1900), *op. cit.*, p.455.
151. S.Freud, *L'interprétation des rêves, op. cit.*, p.481.
152. *Ibid.*, p.464.
153. Segundo a expressão de Freud em *Études sur l'hystérie* (1895), PUF, 1978, p.5 e p.235.
154. S.Freud, "Nouvelles remarques sur les psychonévroses de défense" (1896), in *Névrose, psychose et perversion*, PUF, 1973, p.65.
155. S.Freud, *Cinq psychanalyses*, PUF, 1977, p.409.
156. S.Freud, Carta nº 52 de 6/12/1896, in *Naissance de la psychanalyse, op. cit.*, p.159.
157. M.Blanchot, *Le livre à venir, op. cit.*, p.25.
158. *Ibid.*, p.20 e p.22.
159. Quanto a essas "novas edições" do inconsciente, remeto à obra de J.B.Pontalis: *La force d'attraction*, Seuil, 1990.

160. S.Freud, *Malaise dans la civilisation, op. cit.*, p.25.
161. S.Freud, "Le créateur littéraire et la fantaisie", in *L'inquiétante étrangeté, op. cit.*, p.39. E também: "... uma experiência atual intensa desperta no escritor a lembrança de uma experiência anterior, pertencendo na maioria das vezes à infância, da qual emana agora o desejo que cria a sua realização na obra literária". *Ibid.*, p.44.
162. A respeito dessa afirmação de Freud, pode-se consultar "Discussion sur l'onanisme" (1912), in *Résultats, idées, problèmes I*, PUF, 1984, e a 24ª conferência de *Introduction à la psychanalyse* (1917), Payot, 1987.
163. S.Freud, "Discussion sur l'onanisme", *op. cit.*, p.179.
164. Refiro-me, quanto à histeria, ao artigo: "Quelques considérations pour une étude comparative des paralysies motrices organiques et hystériques" (1893), in *Résultats, idées, problèmes I, op. cit.*, p.57; e quanto à hipocondria, ao texto "Pour introduire le narcissisme" (1914), in *La vie sexuelle*, PUF, 1969, p.89.
165. Como eco às proposições de Freud quanto ao renascimento do narcisismo dos pais por ocasião da chegada do filho, no seu artigo "Pour introduire le narcissisme". *Ibid.*, p.96.
166. Segundo a via de reflexão aberta por Freud na sua obra *Malaise dans la civilisation*, op. cit., e retomada por Lacan no seu seminário *L'éthique de la psychanalyse, op. cit.*, p.220: "É um fato de experiência — o que eu quero é o bem dos outros à imagem do meu (...). O que eu quero é o bem dos outros, desde que ele continue sendo à imagem do meu."
167. A fim de diferenciar formações de sintomas, propus reunir sob esse termo as manifestações que, segundo Freud, dão lugar a "superinvestimentos narcísicos de órgão" que permitem "ligar as excitações". Ele evoca notadamente esses processos nos seus artigos "Pour introduire le narcissisme" e "Au-delà du principe de plaisir". Essas proposições referentes às "formações narcísicas" são desenvolvidas no quarto capítulo de minha obra *Toxicomanies et psychanalyse. Les narcoses du désir*, PUF, 1987.
168. Segundo a expressão de um poeta, retomada por Freud no seu artigo de 1914 "Pour introduire le narcissisme", in *La vie sexuelle, op. cit.*, p.89.
169. "A 'essência' do *Pharmakon* é que, não tendo essência estável nem caráter 'próprio', ele não é, em nenhum sentido da palavra (metafísico, físico, químico, alquímico) uma *substância* (...). Essa não-substância farmacêutica não se deixa manipular com segurança, nem em seu ser, pois ela não o tem, nem em seus efeitos, que podem incessantemente mudar de sentido. Assim, a escrita, anunciada por Theuth como um remédio, como uma droga benéfica, é depois invertida e denunciada pelo rei, e posteriormente, no lugar do rei, por Sócrates, como substância maléfica e filtro de esquecimento." J.Derrida, "La pharmacie de Platon", in *Tel Quel*, nº 32, 1968, p.23.
170. *Ibid.*, p.48.
171. "O ópio contém, como muitos outros, o mais e o menos; é ao mesmo tempo um estimulante e um sedativo. Quando é administrado de novo, o positivo se inverte e se 'negativiza'. Duas vezes, no espaço e no tempo, Cullen enuncia a lei de uma inclusão, sob o mesmo, dos contrários. (...) A medicação é pois ressonância, ela cria uma dupla corrente", in F.Dagognet, *La raison et les remèdes*, PUF, col. "Galien", 1964, p.19.

172. S.Le Poulichet, *Toxicomanies et psychanalyse. Les narcoses du désir, op. cit.*, capítulo II.
173. Dirigindo-se a Voltaire, Rousseau evocava assim uma insólita medicina, que J.Starobinski apresenta no seu artigo "Le remède dans le mal", in *Nouvelle Revue de Psychanalyse*, nº 17, primavera de 1978, p.256.
174. Como se fosse necessário que alguém morresse verdadeiramente para que cessasse essa hemorragia! Aliás, é a perspectiva evocada por certos pais de toxicômanos, que vêm consultar o analista, propondo explícita ou implicitamente a sua vida "em troca", como se o "especialista" estivesse habilitado a fazer as contas e a reconhecer a lógica e a pertinência de um tal oferecimento.
175. Melville, *Bartleby. Les iles enchantées*, Flammarion, 1989. Em um belo posfácio, Gilles Deleuze faz reflexões, nas quais me inspiro aqui, a respeito da fórmula de Bartleby.
176. M.Blanchot, *Le livre à venir, op. cit.*, p.9.
177. *Ibid.*, p.9-10.
178. S.Freud, "Traitement psychique" (1890), in *Résultats, idées, problèmes I, op. cit.*, p.15.
179. *Ibid.*, p.22.
180. S.Freud, "Psychologie des masses et analyse du moi" (1921), in *Essais de psychanalyse, op. cit.*, p.180.
181. Quanto a esse trabalho de abertura do enigma no tratamento, permito-me remeter ao meu artigo "De la drogue au symptôme: le temps d'élaboration de la demande", em *Psychologie clinique*, nº 2, 1989, Klincksieck, p.107-118.

A Bulimia e o Tempo Canibalesco

182. G.Deleuze, *Logique du sens*, Minuit, 1969, p.11.
183. F.Ponge, *Lyres*, Poésie/Gallimard, 1980, p.150.
184. S.Freud, "Psychologie des foules et analyse du moi" (1921), in *Essais de psychanalyse, op. cit.*, p.168.
185. Santo Agostinho, *Les confessions*, tomo II, Classiques Garnier, 1950, p.221.
186. S.Freud, "Constructions dans l'analyse" (1937), in *Résultats, idées, problèmes II, op. cit.*, p.275.
187. S.Freud, *L'interprétation des rêves, op. cit.*, p.464.
188. P.Fédida, "La construction du cas", in *Nouvelle Revue de Psychanalyse* nº 42: *Histoires de cas*, outono de 1990, p.256.
189. S.Freud, "Un enfant est battu" (1919), in *Névrose, psychose et perversion, op. cit.*, p.228.
190. *Ibid.*, p.229.
191. *Ibid.*, p.225.
192. J.-D.Nasio, "Deux propositions et une thèse sur le transfert en analyse", in *Les Yeux de Laure. Le concept d'objet* a *dans la théorie de J.Lacan*, Aubier, 1987, p.39-42, 48-50.
193. Segundo as notáveis fórmulas que Lacan empregou a respeito do arrebatamento de Lol V.Stein. "Hommage fait à Marguerite Duras du ravissement de Lol V.Stein", in *Marguerite Duras*, Albatros, 1979, p.134-135.
194. *Ibid.*, p.134.

Livros que integram a coleção
Transmissão da Psicanálise

1 A exceção feminina, *Gérard Pommier*

2 Gradiva, *Wilhelm Jensen*

3 Lacan, *Bertrand Ogilvie*

4 A criança magnífica da psicanálise, *J.-D. Nasio*

5 Fantasia originária, fantasias das origens, origens da fantasia, *Jean Laplanche e J.-B. Pontalis*

6 Inconsciente freudiano e transmissão da psicanálise, *Alain Didier-Weill*

7 Sexo e discurso em Freud e Lacan, *Marco Antonio Coutinho Jorge*

8 O umbigo do sonho, *Laurence Bataille*

9 Psicossomática na clínica lacaniana, *Jean Guir*

10 Nobodaddy - a histeria no século, *Catherine Millot*

11 Lições sobre os 7 conceitos cruciais da psicanálise, *J.-D. Nasio*

12 Da paixão do ser à "loucura" do saber, *Maud Mannoni*

13 Psicanálise e medicina, *Pierre Benoît*

14 A topologia de Jacques Lacan, *Jeanne Granon-Lafont*

15 A psicose, *Alphonse de Waelhens*

16 O desenlace de uma análise, *Gérard Pommier*

17 O coração e a razão, *Léon Chertok e Isabelle Stengers*

18 O mais sublime dos histéricos, *Slavoj Zizek*

19 Para que serve uma análise?, *Jean-Jacques Moscovitz*

20 Introdução à obra de Françoise Dolto, *Michel H. Ledoux*

21 O conceito de renegação em Freud, *André Bourguignon*

22 Repressão e subversão em psicossomática, *Christophe Dejours*

23 O pai e sua função em psicanálise, *Joël Dor*

24 A histeria, *J.-D. Nasio*

25 Hölderlin e a questão do pai, *Jean Laplanche*

26 Eles não sabem o que fazem, *Slavoj Zizek*

27 A ordem sexual, *Gérard Pommier*

28 A neurose infantil da psicanálise, *Gérard Pommier*

29 Pulsão e inconsciente, *Noga Wine*

30 Cinco lições sobre a teoria de Jacques Lacan, *J.-D. Nasio*

31 Psicossomática, *J.-D. Nasio*

32 Fim de uma análise, finalidade da psicanálise, *Alain Didier-Weill*

33 Freud e a mulher, *Paul-Laurent Assoun*

34 Conversas com o Homem dos Lobos, *Karin Obholzer*

35 Eros e verdade, *John Rajchman*

36 Leitura das perversões, *Georges Lanteri-Laura*

37 O olhar em psicanálise, *J.-D. Nasio*

38 Amor, ódio, separação, *Maud Mannoni*

39 O nomeável e o inominável, *Maud Mannoni*

40 O real e o sexual, *Claude Conté*

41 Introdução às obras de Freud, Ferenczi, Groddeck, Klein, Winnicott, Dolto, Lacan, *J.-D. Nasio*

42 Metapsicologia freudiana, *Paul-Laurent Assoun*

43 A obra clara, *Jean-Claude Milner*

44 O gozo do trágico, *Patrick Guyomard*

45 O estranho gozo do próximo, *Philippe Julien*

46 Do bom uso erótico da cólera, *Gérard Pommier*

47 As origens femininas da sexualidade, *Jacques André*

48 A ética da diferença, *Doris Rinaldi*

49 O tempo na psicanálise, *Sylvie Le Poulichet*

50 O sono dogmático de Freud, *Pierre Raikovic*

Este livro foi composto pela Textos & Formas, em Times New Roman, e impresso por Tavares e Tristão Ltda., em agosto de 1996.

A CÂMARA DE INVERNO